AF494110

RECUEIL D'OBSERVATIONS
FAITES EN PLUSIEURS VOYAGES PAR ORDRE DE SA MAJESTÉ, POUR PERFECTIONNER L'ASTRONOMIE ET LA GEOGRAPHIE.

Avec divers Traitez Astronomiques.

Par Messieurs de l'Academie Royale des Sciences.

A PARIS,
DE L'IMPRIMERIE ROYALE.

M. DC. XCIII.

TABLE DES MATIERES CONTENUES DANS CE VOLUME.

DE

DE L'ORIGINE ET DU PROGRÉS DE L'ASTRONOMIE, ET DE SON USAGE DANS LA GEOGRAPHIE ET DANS LA NAVIGATION.

Par M. CASSINI.

ON ne peut pas douter que l'aſtronomie n'ait eſté inventée dés le commencement du monde. Comme il n'y a rien de plus ſurprenant que la régularité du mouvement de ces grands corps lumineux qui tournent inceſſamment autour de la terre, il eſt aiſé de juger qu'une des premieres curioſitez des hommes a eſté de conſidérer leurs cours, & d'en obſerver les périodes. Mais ce ne fut pas ſeulement la curioſité qui porta les hommes à s'appliquer aux ſpéculations aſtronomiques : on peut dire que la néceſſité même les y obligea. Car ſi l'on n'obſerve les ſaiſons qui ſe diſtinguent par le mouvement du ſoleil, il eſt impoſſible de réüſſir dans l'agriculture ; ſi l'on ne prévoit les temps commodes pour voyager, on ne peut pas faire le commerce ; si l'on ne détermine une fois la grandeur du mois & de l'année, on ne peut ni établir d'ordre certain dans les affaires civiles, ni marquer les jours destinez à l'éxercice de la religion : ainsi l'agriculture, le commerce, la politique, & la religion même ne pouvant se passer de l'astronomie, il est évident que les hommes ont esté obligez de s'appliquer à cette science dés le commencement du monde.

L'histoire tant sacrée que profane confirme cette verité. Ce qui est dit dans les livres sacrez des années qu'ont vécu les anciens Patriarches, est une preuve certaine que les premiers hommes observoient le mouvement des astres. Car s'ils n'eussent tenu un compte éxact du nombre des jours que dure la variation des phases de la lune qui leur servirent à déterminer les mois ; & du nombre des mois pendant lesquels le soleil s'approchant peu à peu du zenith, & ensuite s'en éloignant, fait la vicissitude de l'accroissement & de la diminution des jours, qui leur servit à déterminer la grandeur de l'année, ils n'auroient pu marquer le nombre des années que chaque Patriarche a vécu, ni le temps de leur naissance & de leur mort, aussi précisément que Moïse l'a rapporté dans la Genese.

Et certainement il falloit bien qu'en ce premier âge du monde on eust observé les astres avec beaucoup d'application, puisque par les circonstances de l'histoire du déluge qui sont aussi rapportées dans la Genese, on voit que l'année, dés le temps du déluge, estoit réglée suivant les mouvemens du soleil & de la lune : ce qui suppose un nombre infini d'observations. Encore auroit-on de la peine à concevoir comment avec toute l'application que l'on peut s'imaginer que les premiers hommes ayent eû à observer le ciel, ils auroient pû en l'espace du temps qui s'est écoulé depuis la création du monde jusqu'au déluge, acquerir tant de connoissance du mouvement des astres, si leur vie n'avoit pas esté plus longue que la nostre. Mais l'expérience que leur donnoit la longue durée de leur vie estoit un tres-grand avantage pour l'avancement de l'astronomie. Josephe a estimé cette science si nécessaire, qu'il n'a pas fait difficulté de dire qu'une des raisons pourquoy Dieu accordoit aux premiers hommes une

Joseph. ant. lib. 1.

ſi longue vie, c'eſtoit afin de leur faciliter la connoiſſance du mouvement des aſtres.

Rien ne fait mieux connoiſtre l'antiquité de l'aſtronomie, que ce que Ptolomée rapporte des obſervations céleſtes ſur leſquelles Hipparque réforma cette ſcience il y a prés de deux mille ans. Il dit que ceux qu'on appelloit dés le temps d'Hipparque les anciens aſtronomes, avoient obſervé que non ſeulement la lune ſe meut inégalement tant en longitude qu'en latitude, mais auſſi que les termes de ſon inégalité, que l'on a depuis appellé l'apogée & le périgée, parcourent ſucceſſivement tous les degrez du zodiaque; & que ſa plus grande latitude, tant du coſté du ſeptentrion que du coſté du midi, eſt tranſportée dans la ſuite du temps par tous les degrez de ce meſme cercle; de ſorte qu'à chaque révolution la lune coupe l'écliptique en différens degrez: Que ces aſtronomes, pour trouver des regles de ces inégalitez, avoient comparé enſemble quantité d'éclipſes de lune, par le moyen deſquelles ils avoient cherché de longues périodes de temps, qui eſtant égales entr'elles compriſſent chacune un égal nombre de mois inégaux: Qu'Hipparque, pour corriger ces longues périodes déja trouvées, avoit choiſi dans un grand nombre d'obſervations anciennes celles qui eſtoient propres à ſon deſſein; & que les ayant comparées entr'elles, il avoit remarqué que le ſoleil & la lune eſtant partis enſemble du meſme point du ciel, ſe rencontrent 4267. fois en 126007. jours & une heure, aprés que la lune a fait 4612. révolutions par le zodiaque à l'égard des étoiles fixes, moins ſept degrez & demi, & qu'elle a achevé 4573. retours au point de ſon apogée: Que néanmoins aprés cette période de 4573. révolutions les éclipſes ne reviennent pas de meſme grandeur, mais ſeulement aprés 5458. mois. Ce témoignage de Ptolomée montre évidemment que quelques-unes de ces obſervations céleſtes dont ſe ſervit Hipparque eſtoient fort anciennes. Car il faut un tres-long intervalle de temps, & un tres-grand nombre d'obſervations pour pouvoir conclure que ces longues périodes qu'Hipparque comparoit enſemble, ſont uniformes; & l'on n'aura pas de peine à croire qu'il faille tant d'obſervations pour vérifier cette uniformité, ſi l'on fait réfléxion qu'entre toutes celles que nous avons des éclipſes arrivées depuis

Almageſt. Ptol. lib. 4. c. 2.

2500. ans jusqu'à présent, il ne s'en trouve pas deux qui soient éloignées entr'elles de l'espace d'une de ces longues périodes.

Ce qui pourroit rendre suspecte l'antiquité de ces observations dont se servit Hipparque, c'est qu'il n'y a qu'environ 2200. ans depuis le temps où vivoit cet astronome jusqu'au déluge, qui semble avoir enseveli tout ce qu'il y avoit de monumens des arts & des sciences. Mais il ne faut pas s'étonner que la mémoire des observations astronomiques faites pendant le premier âge du monde, ait pu se conserver mesme aprés le déluge, puisque Josephe rapporte que les descendans de Seth pour conserver à la postérité la mémoire des observations célestes qu'ils avoient faites, en graverent les principales sur deux colomnes, l'une de pierre, & l'autre de brique; que celle de pierre résista aux eaux du déluge, & que de son temps mesme on en voyoit encore des vestiges dans la Syrie.

Joseph. ant. lib. 1.

Il est donc constant que dés le premier âge du monde, les hommes avoient déja fait de grands progrés dans la science du mouvement des astres. On pourroit mesme avancer qu'ils en avoient beaucoup plus de connoissance que l'on n'en a eû long-temps depuis le déluge, s'il est bien vray que l'année dont les anciens Patriarches se servoient fust de la grandeur de celles qui composent la grande période de 600. ans, dont il est fait mention dans les Antiquitez des Juifs écrites par Josephe. Nous ne trouvons dans les monumens qui nous restent de toutes les autres nations, aucun vestige de cette période de 600. ans, qui est une des plus belles que l'on ait encore inventées. Car supposant le mois lunaire de 29. jours 12. heures 44. minutes & 3. secondes, on trouve que 219146. jours & demi font 7421. mois lunaires; & ce mesme nombre de 219146. jours & demi donne 600. années solaires chacune de 365. jours, 5. heures, 51. minutes, & 36. secondes. Si cette année est celle qui estoit en usage avant le déluge, comme il y a beaucoup d'apparence, il faut avoüer que les anciens Patriarches connoissoient déja avec beaucoup de précision le mouvement des astres: car ce mois lunaire s'accorde, à une seconde prés, avec celuy qui a esté déterminé par les Astronomes modernes; & l'année solaire est plus juste que celle d'Hipparque & de Ptolomée, qui donnent à l'année 365. jours, 5. heures, 55. minutes, & 12. secondes.

Joseph. ant. lib. 1.

Aprés

Aprés le deluge, les hommes ayant esté dispersez par toute la terre, les rois de chaque peuple eurent un tres-grand soin de cultiver l'astronomie, comme les historiens de toutes les nations en font foy. Uranus roy des peuples qui les premiers habiterent les bords de l'Ocean Atlantique, passa pour estre de la race des dieux, parce qu'il avoit une connoissance particuliere du ciel. Zoroastre roy de la Bactriane n'a esté fameux que parce qu'il excelloit dans l'astronomie. Les premiers rois de la Chine se sont acquis une gloire immortelle, pour avoir fait faire il y a prés de 4000. ans, c'est-à-dire peu aprés le deluge, quantité d'observations astronomiques, que les Chinois ont conservées jusqu'à présent. Enfin Prométhée roy de Scythie, fils de Iapet, que plusieurs auteurs célebres soustiennent estre le mesme que Japhet l'un des enfans de Noé, enseigna à son peuple ignorant & stupide la science des astres : ce qui a donné lieu aux poëtes de feindre qu'il avoit dérobé le feu du ciel, & qu'il avoit animé des statuës. Les peuples eurent tant de vénération pour ces grands hommes qui s'appliquerent à l'astronomie, qu'ils leur rendirent des honeurs divins, & leur bastirent des temples & des autels.

Diodorus lib. 3. c. 5.

Martini historicæ Sinicæ lib. 1.

Euseb. lib. 1. Præpar. Evang.

Bochart. lib. 1. Phaleg.

Mais quoy qu'il en soit de toutes ces histoires dont la chronologie n'est peut-estre pas assez éxacte, il est certain que peu de temps aprés le deluge, les Chaldéens observoient le ciel avec beaucoup de soin. Philon témoigne que Tharé qui estoit né en Chaldée plus de cent ans avant la mort de Noé, estoit fort appliqué à l'astronomie, & qu'il l'enseigna à son fils Abraham. Josephe ajouste qu'Abraham parvint à la connoissance du vrai Dieu par la contemplation des astres ; & qu'estant passé de Chaldée en Egypte, il y apporta la connoissance de l'astronomie. On faisoit alors tant d'estime de cette science, qu'il n'y avoit que les rois, ou les prestres qui en fissent profession. Et c'est peut-estre ce qui a donné lieu à Virgile, lors qu'il parle du banquet de Didon & d'Enée, d'introduire Iopas qui chante ce qu'Atlas roy de Mauritanie avoit enseigné des éclipses du soleil & de la lune, & de la situation & du mouvement des étoiles.

Philo lib. de nobil.

Antiq. lib. 1.

Æneid. l. 1.

L'astronomie estant donc si estimée en Egypte, il ne faut pas s'étonner si on l'enseigna à Moïse qui fut élevé en prince par les soins de la fille de Pharaon. Clement d'Alexandrie dit que Moïse fit de grands progrés dans cette science, & qu'ensuite il l'enseigna aux Juifs. Ainsi l'astronomie estant venuë de Chaldée en Egypte, passa d'Egypte en Judée, & fut en peu de temps portée dans la Phénicie, & dans tous les païs voisins.

Jusque-là les astronomes ne s'estoient point encore avisez d'appliquer leurs speculations aux usages de la navigation. Mais comme les Phéniciens estoient aussi entreprenans qu'industrieux, ils commencerent à se servir des observations célestes pour se conduire dans les voyages de long cours; & ils sceurent si heureusement profiter des avantages de l'astronomie, qu'ils porterent le commerce dans des païs tres-éloignez, se rendirent les maistres de la mer, établirent des colonies en plusieurs endroits sur les costes de la mer Mediterranée, & estant entrez dans l'Océan, s'emparerent de l'isle de Cadis, & y bastirent une ville tres-magnifique. La réputation qu'ils avoient d'exceller dans la navigation, les fit appeller en divers royaumes pour conduire les flotes des princes étrangers. Salomon leur donna la conduite de la flotte qu'il envoya par la mer rouge en Ophir; d'où ils rapporterent beaucoup d'or, & quantité des mesmes marchandises que les Européens apportent présentement de l'Afrique méridionale & des Indes. Nechao second du nom, roy d'Egypte, les employa aussi pour conduire sa flotte, qui fit un autre voyage bien plus long, si l'on en croit Herodote: car il dit qu'ayant costoyé les bords de la mer Rouge, elle entra dans l'Ocean, traversa la Zone torride, fit le tour de l'Afrique, & retourna en Egypte par la mer Mediterranée.

Dionysius Afer. Herodotus lib. I.

Herodot. lib. I.

Ce qui rendoit les Phéniciens si hardis à entreprendre de longs voyages, c'est qu'ils conduisoient leurs vaisseaux par l'observation d'une des étoiles de la petite ourse, qui estant proche de ce point qui est immobile dans le ciel, & que l'on nomme Pole, est la plus propre de toutes pour servir de guide dans la navigation. Les autres peuples moins habiles dans l'astronomie n'observoient dans leurs voyages de mer que la grande ourse: mais comme cette constellation est trop éloignée du pole pour pouvoir servir à guider seurement des vaisseaux dans de grands voyages, ils n'osoient entrer si avant en mer qu'ils perdissent les costes de veuë; & s'il arrivoit qu'un

Arati Phænom.

orage les jettast en pleine mer, ou en quelque rade inconnuë, il leur estoit impossible de reconnoistre, par l'inspection du ciel, en quel endroit du monde la tempeste les avoit portez: de maniere qu'ils estoient obligez de voguer à l'aventure, ou de descendre à terre pour chercher des habitans qui leur apprissent quelle route ils devoient tenir. C'est pourquoy Virgile aprés avoir décrit la tempeste qui dispersa la flotte d'Enée sur les costes d'Afrique, fait descendre Enée à terre pour aller chercher quelqu'un qui luy apprist quel estoit le lieu où l'orage l'avoit jetté. Les Grecs estant donc obligez de naviger toûjours terre à terre, ne pouvoient faire de longs voyages, ou ne les faisoient qu'en beaucoup de temps: d'où vient qu'ils ont tant vanté plusieurs voyages qui sont à présent tres-faciles & tres-ordinaires. L'expédition des Argonautes qui allerent de Grece à la Colchide située sur la coste orientale de la mer Noire, parut alors un exploit si extraordinaire, que pour en rendre la mémoire éternelle, on plaça entre les constellations la figure du vaisseau qui avoit fait ce voyage, qu'à présent de simples barques font tous les jours. *Æneid. l. 1.*

Mais enfin Thales ayant apporté de Phénicie en Grece la science des astres, apprit aux Grecs à connoistre la constellation de la petite ourse, & à s'en servir pour se conduire dans la navigation. Il leur enseigna aussi la théorie du mouvement du soleil & de la lune, par laquelle il rendit raison de l'augmentation & de la diminution des jours, il détermina le nombre des jours de l'année solaire, & non seulement il expliqua la cause des éclipses, mais encore il montra l'art de les prédire, qu'il mit mesme en pratique, prédisant une éclipse qui arriva peu de temps aprés. Le mérite d'un sçavoir alors si rare le fit passer pour l'oracle de son temps, & luy fit donner la premiere place entre les sept Sages de la Grece. *Diogen. Laërt. l. 1.*

Il eut pour disciple Anaximandre, à qui Pline & Diogene Laërce attribuent l'invention de la sphere, c'est-à-dire de la représentation du globe terrestre, ou, comme dit Strabon, des cartes geographiques. On dit qu'Anaximandre dressa aussi à Lacedemone un gnomon, par le moyen duquel il observa les équinoxes & les solstices; & qu'il détermina l'obliquité de l'écliptique plus éxactement que l'on n'avoit fait jusqu'alors; ce qui estoit nécessaire pour diviser le globe terrestre en *Plin. lib. 2. cap. 8.* *Strab. l. 1.* *Diogen. Laërt. l. 2* cinq zones, & pour distinguer les climats qui ont depuis servy aux géographes à faire connoistre la situation de tous les lieux de la terre.

Sur les instructions que les Grecs avoient receuës de Thales & d'Anaximandre, ils hazarderent d'aller en pleine mer, & faisant voile en divers païs éloignez, ils y fonderent plusieurs colonies.

Herod. l. 1. Les Phocéens fuyans la tyrannie des Perses, firent les premiers de longs navires avec quoy ils navigerent dans le Golfe Adriatique, passerent dans les mers de Toscane, des Gaules, & de l'Espagne, & allerent jusqu'à Tartesse aux bords de l'Ocean. D'autres peuples de la Grece envoyerent en divers endroits quantité de colonies, dont les plus célebres furent celle qu'ils fonderent à Tarente, dans cette partie de l'Italie qui fut appellée la Grande-Grece; & celle qu'ils établirent sur la coste des Gaules à Marseille, qui devint une des plus fameuses villes du monde & par les sciences qui y fleurirent, & par sa grande puissance sur la mer. A leur exemple les Corinthiens ayant passé en Sicile fonderent une colonie à Syracuse; *Herod. l. 2.* & d'autres peuples de la Grece, aprés que le Roy Amasis leur eut permis de trafiquer en Egypte, allerent s'établir dans la ville de Naucrate, audessus d'une des embouchures occidentales du Nil.

L'astronomie fut bientost récompensée des avantages qu'elle avoit procurez à la navigation. Car le commerce ayant ouvert le reste du monde aux sçavans de la Grece, ils tirerent de grandes lumieres des conférences qu'ils eurent avec les prestres d'Egypte, qui faisoient une profession particuliere de la science des astres. Ils apprirent aussi beaucoup de choses des philosophes de la secte de Pythagore en Italie, qui avoient fait de si grands progrés dans cette science, qu'ils oserent renverser les sentimens receus de tout le monde sur l'ordre de la nature, en attribuant le repos perpétuel au soleil, & le mouvement à la terre. *Aristot. de Cœlo, lib. 2. c. 12.* Ils profiterent encore du commerce qu'ils eurent avec les Druides, qui entre plusieurs autres choses, dit Jules Cesar, *Cæsar. de bello Gall. lib. 1.* qu'ils apprenoient à la jeunesse, enseignoient particulierement ce qui regarde le mouvement des astres, & la grandeur du ciel & de la terre, c'est-à-dire, l'astronomie & la géographie.

En

En effet, quoy que les anciens peuples des Gaules, qui ont toûjours eû beaucoup plus de ſoin de faire de grandes actions & d'entreprendre de grandes choſes que d'en écrire l'hiſtoire, ne nous ayent point laiſſé de monumens qui nous faſſent connoiſtre qu'ils n'ont pas moins travaillé à l'avancement des ſciences que d'autres nations qui s'en attribuent toute la gloire; nous ſçavons qu'ils ont eſté tres-habiles dans la navigation. Témoin les noms de Galice, de Portugal, & de Celtiberie ſur les coſtes d'Eſpagne; le nom de Celto-Scythes ſur le Pont-Euxin, & celuy de Gallo-Grece ou Galatie dans l'Aſie mineure: qui ſont des monumens éternels de l'origine des peuples qui ont conquis ces païs, & qui ſont venus s'y établir.

Mais nonobſtant la négligence des Gaulois à écrire leurs obſervations, il en reſte encore aſſez pour faire connoiſtre qu'ils n'avoient pas moins d'eſprit que de valeur. Strabon nous a *Strab. l. 2.* conſervé la mémoire d'une obſervation célebre que Pytheas fit à Marſeille, il y a plus de deux mille ans, touchant la proportion de l'ombre du ſoleil à la longueur d'un ſtyle au temps du ſolſtice. Si l'on ſçavoit éxactement les circonſtances de cette obſervation, elle ſerviroit à réſoudre une queſtion célebre, qui eſt de ſçavoir ſi l'obliquité de l'Ecliptique eſt ſujette à quelque changement. Car en comparant l'obſervation de Pytheas avec une autre ſemblable que M. Gaſſendi a auſſi faite à Marſeille il y a quarante ans, il ſeroit facile de décider cette difficulté, qui eſt une des plus importantes de l'aſtronomie. Mais comme nous n'avons qu'un extrait, & encore aſſez imparfait, de l'obſervation de Pytheas, il eſt aſſez difficile d'en rien conclure de bien aſſeûré. Car il ne nous reſte de cette obſervation que ce que l'on en trouve dans Strabon; & tout ce qu'il en dit eſt tiré d'Hipparque, qui n'en a parlé que par rapport à la géographie: de ſorte que les géographes n'eſtant pas obligez d'éxaminer les meſures avec autant de préciſion que les aſtronomes, on peut douter ſi Hipparque n'a point négligé la fraction qui fait la différence qui ſe trouve entre l'obſervation qu'il rapporte de Pytheas, & celle de M. Gaſſendi. De plus, Hipparque ne dit pas immédiatement quelle eſt la proportion que Pytheas a obſervée à Marſeille, mais ſeulement que cette proportion eſt la meſme que l'on a depuis trouvée à Conſtantinople. On eſt tres-aſſeûré de la hauteur du pole de Marſeille par les obſervations de plusieurs personnes de l'Académie Royale, qui l'ont observée plusieurs fois & en différentes manieres : mais pour la hauteur du pole de Constantinople, on n'en peut pas répondre si précisément. Ainsi l'observation de Pytheas, de la maniere que Strabon l'a rapportée, n'est pas suffisante pour résoudre la question du changement de l'obliquité de l'écliptique.

Strab. l. 2. Pytheas ne se contenta pas de faire des observations dans son païs : la passion qu'il avoit pour l'astronomie & pour la géographie, luy fit parcourir l'Europe depuis les colonnes d'Hercule jusqu'aux bouches du Tanaïs. Il alla fort avant vers le Pole Arctique par l'Ocean Occidental, & il observa qu'à mesure qu'il avançoit, les jours s'allongeoient au solstice d'esté, de sorte qu'en un certain climat il n'y avoit que trois heures de nuit, & plus loin il n'y en avoit plus que deux; qu'enfin à l'Isle de Thulé le soleil se levoit presqu'aussitost qu'il s'estoit couché, le tropique demeurant entier sur l'horison de cette Isle; ce qui arrive en Islande & dans les parties Septentrionales de la Norvege, comme les relations modernes nous l'aprennent. Strabon qui estoit prévenu que ces climats sont inhabitables, accuse en cela Pytheas de mensonge, & blasme de crédulité Eratosthene & Hipparque, qui sur le rapport de Pytheas ont dit la mesme chose de l'Isle de Thulé. Mais les relations des navigateurs modernes ayant pleinement justifié Pytheas, on peut luy donner la gloire d'avoir esté le premier qui s'est avancé vers le pole jusques dans des païs que l'on croyoit inhabitables, & qui a distingué les climats par la différente longueur des jours & des nuits.

Environ le temps de Pytheas, les sçavans de la Grece ayant pris goust à l'astronomie, plusieurs grands hommes d'entr'eux *Diog. Laer. lib. 8.* s'y appliquerent à l'envi. Eudoxe, aprés avoir esté quelque temps disciple de Platon, ne fut pas satisfait de ce qui s'en enseignoit dans les écoles d'Athenes : il alla en Egypte puiser cette science dans sa source; & ayant obtenu une lettre de recommandation d'Agesilas roy de Lacedemone, à Nectanebo roy d'Egypte, il demeura seize mois avec les astronomes de ce païs-là pour profiter de leurs conférences. A son retour il composa plusieurs livres d'astronomie, & entr'autres la description des constellations qu'Aratus mit en vers quelque temps aprés par l'ordre du roy Antigone.

Ariſtote contemporain d'Eudoxe, & comme luy diſciple de Platon, ſe ſervit de l'aſtronomie pour perfectionner la phyſique & la géographie. Il détermina par les obſervations des aſtronomes la figure & la grandeur de la terre. Il démontra qu'elle eſt ſphérique par la rondeur de ſon ombre, qui paroiſt ſur le diſque de la lune dans les éclipſes, & par l'inégalité des hauteurs méridiennes qui ſont différentes à meſure que l'on s'approche ou que l'on s'éloigne des poles. Il fit voir par ces meſmes obſervations, que la maſſe de la terre eſt petite en comparaiſon de celle des aſtres; il donna les meſures de ſa circonférence; il diſpoſa les vents dans leur ordre ſelon les parties du ciel: & comme il croyoit qu'il y avoit des païs que l'on ne pouvoit habiter, il eſſaya de diſtinguer par les ombres les païs habitables de ceux qu'il s'imaginoit ne l'eſtre pas; & il enſeigna que la longueur du monde habitable, c'eſt à dire des païs compris entre les colonnes d'Hercule & les Indes, eſt à ſa largeur, compriſe entre l'Ethiopie & les extrémitez de la Scythie, à peu prés comme cinq eſt à trois.

Ariſt. de Cælo, l. 2. cap. 14.

Le livre intitulé du monde, qui eſt adreſſé à Alexandre & dont on dit qu'Ariſtote eſt l'auteur, fait voir que l'on avoit deſlors beaucoup de connoiſſance de la géographie. Car on y voit une deſcription aſſez éxacte des principales parties de la terre, que l'auteur de ce livre diviſe en trois parties, ſçavoir l'Europe, l'Aſie & l'Afrique. Mais les deſcriptions éxactes qu'Alexandre eût ſoin de faire faire de ſes conqueſtes, donnerent une forme beaucoup plus parfaite à la géographie. Il voulut que l'on travaillaſt à ces deſcriptions, non ſeulement par l'eſtime du chemin, comme cela s'eſtoit pratiqué juſqu'alors, mais meſme par la meſure actuelle & par les obſervations des aſtres; & il mena Calliſthene à ſa ſuite pour faire ces obſervations. Calliſthene ayant eû cette occaſion d'aller à Babylone y trouva des obſervations aſtronomiques que les Babyloniens avoient faites pendant l'eſpace de 1903. années, & il les envoya à Ariſtote.

Pline nous a conſervé les meſures qu'Alexandre fit prendre par Diogenete & par Beton, des diſtances des villes & des rivieres de l'Aſie, depuis les portes Caſpiennes juſqu'à la mer des Indes; & encore les obſervations qu'Oneſicrite & Nearque firent ſur la flotte qu'il leur donna exprés, pour aller reconnoiſ-

Plin. l. 6. c. 16. & cap. 23.

tre les costes de la mer des Indes & du golfe Persique. Ils observerent les distances des lieux non seulement par l'estime du chemin, mais encore par la mesure actuelle des stades, lorsque cela fut possible; & au defaut de la mesure actuelle, par les observations des astres: ce qui a fait dire à Polybe que l'on devoit aux conquestes d'Alexandre ce que l'on sçavoit des Indes Orientales, & aux conquestes des Romains la facilité que l'on eut depuis de parvenir à la connoissance du reste du monde.

Alexandre avoit tant de passion pour les nouvelles découvertes, que ne trouvant plus d'ennemis à combatre, il exposa sa personne & son armée à de tres-grands dangers pour pénétrer jusqu'à l'Ocean, sans autre dessein que d'aller où personne n'estoit allé avant luy; & il déclara à toute son armée qu'il se tiendroit heureux de mourir, s'il estoit nécessaire, pour découvrir des païs que la nature sembloit avoir voulu cacher.

Aperiam cunctis gentibus terras quas natura longe submoverat. In his operibus extingui, mihi si fors ita feret, pulchrum est. *Alexander apud Q. Curtium lib. 9. c. 6.*

Aprés la mort d'Alexandre les Princes qui luy succederent dans le Royaume d'Egypte, prirent tant de soin d'attirer chez eux par leurs libéralitez les plus célebres astronomes, qu'Alexandrie capitale de leur royaume devint bientost, pour ainsi dire, le siege de l'astronomie. Le fameux Conon y fit quantité d'observations, mais qui ne sont point venuës jusqu'à nous. Aristylle & Timocharis y observerent la déclinaison des étoiles fixes, dont la connoissance est absolument nécessaire pour la géographie & pour la navigation. Eratosthene fit dans la mesme ville des observations du soleil, qui luy servirent à mesurer la circonférence de la terre; & Hipparque qui demeuroit aussi à Alexandrie, non seulement fit la description de mille vingt-deux étoiles fixes, & de leur mouvement autour des poles de l'écliptique, mais il s'appliqua encore à régler la théorie des mouvemens du soleil & de la lune.

Ptol. Almag. l. 7.

Cleomedes lib. 1.

Ptol. Almag. à lib. 3. ad. 7.

D'ailleurs les Romains qui aspiroient à l'empire du monde, prirent soin en divers temps de faire faire des descriptions des principales parties de la terre. Dans cette veuë Scipion l'Afriquain pendant la guerre de Carthage donna à Polybe des vaisseaux pour aller reconnoistre les costes d'Afrique, d'Espagne & des Gaules. Cét historien si fameux par les livres qu'il a écrits de la guerre Punique, s'aquita de cette commission avec beaucoup d'éxactitude; & ensuite il fit exprés un voyage par terre pour mesurer les distances de tous les lieux

Scipione Æmiliano res in Africa gerente Polybius annalium conditor ab eo accepta classe scrutandi illius orbis

par

par où Annibal avoit fait passer son armée en traversant les Pyrénées & les Alpes pour entrer en Italie. gratia circumvectus, &c.

Jules César continua de faire travailler à ces mesures en divers autres endroits de l'empire Romain, & il employa Polycrete, Théodate, & Zénodore à ce grand ouvrage. Il fit luymesme la description des Gaules & des Isles Britanniques dans ses Commentaires, où il a marqué non seulement les limites & les distances des lieux, mais encore leur situation & leur exposition à l'égard du ciel; & il vérifia par le moyen des clepsydres qu'en esté les nuits sont plus courtes dans les Isles Britanniques que dans les Gaules. *Cæsar de bello Gallico lib. 1. & 5.*

Pompée entretenoit de son costé correspondance avec Possidonius, sçavant astronome & excellent géographe, qui entreprit de mesurer la circonférence de la terre par les observations célestes faites en divers lieux sous un mesme méridien, afin de réduire en degrez les distances que les Romains n'avoient jusqu'alors mesurées que par stades & par milles. *Plin. lib. 7. cap. 30.* *Cleom. l. 1.*

Pour avoir la différence des climats, on observoit alors en divers lieux la différence des longueurs des ombres, principalement au temps des solstices & des équinoxes. On avoit dressé pour cét effet des gnomons & des obélisques en diverses parties de la terre, comme nous apprenons de Pline & de Vitruve, qui ont conservé à la postérité plusieurs de ces observations : mais les plus grands obélisques estoient en Egypte. Jules César & Auguste en firent transporter quelques-uns à Rome, tant pour y servir d'ornement, que pour y donner des mesures éxactes de la proportion des ombres. Auguste fit placer dans le champ de Mars un des plus grands de ces obélisques, qui avoit cent onze pieds de hauteur, sans le piedestal. Il y fit faire des fondemens aussi profonds que l'obélisque estoit haut ; & l'obélisque ayant esté élevé sur ces fondemens, il fit tracer au pied une ligne méridienne dont les divisions estoient faites avec des lames de cuivre enchassées dans une aire de pierre, pour montrer l'augmentation des ombres ou leur diminution chaque jour à midi selon la différence des saisons. Et pour marquer cette différence avec plus de précision, il fit mettre une boule à la pointe de cét obélisque, qui est encore présentement dans le champ de Mars à Rome couché dans les terres, où il traverse les caves des maisons basties sur ses ruines. Par la comparaison des *Plin. lib. 2. cap. 72. 73. 74.* *Vitruvius lib. 9. c. 4.* *Plin. l. 36. cap. 10.* *Ibidem.*

ombres de cét obélisque avec celles que l'on observoit en divers autres endroits de la terre, on avoit la connoissance des latitudes si nécessaire pour la perfection de la géographie.

Plin. lib. 3. cap. 5. Cependant Auguste faisoit aussi travailler aux descriptions particulieres de divers païs, & principalement à celle de l'Italie, où les distances furent marquées par milles le long des costes & sur les grands chemins : & enfin sous l'empire de ce prince *Plin. lib. 3. cap. 2.* la description générale du monde à laquelle les Romains avoient travaillé l'espace de deux siecles, fut achevée sur les mémoires d'Agrippa, & fut mise au milieu de Rome dans un grand portique basti exprés.

L'itinéraire que l'on attribuë à l'empereur Antonin, peut passer pour l'abregé de ce grand ouvrage. Car cét itinéraire n'est en effet qu'un recueïl des distances qui avoient esté mesurées dans toute l'étenduë de l'empire Romain. Sous le regne de ce sage empereur l'astronomie commença à prendre une face nouvelle. Car Ptolémée qu'on peut appeller le restaurateur de cette science, profitant des lumieres de ceux qui l'avoient précédé, & joignant à ses observations particulieres celles d'Hipparque, de Timocharis, & des Babyloniens, fit un corps complet de la science des astres dans un excellent livre intitulé *La grande composition*, qui comprend la théorie & les tables du mouvement du soleil, de la lune, des autres planétes, & des étoiles fixes. La géographie ne luy est pas moins redevable que l'astronomie. Car il fit aussi une description du globe terrestre, beaucoup plus ample & plus éxacte que toutes celles qui avoient esté faites jusqu'alors ; & ayant réduit les distances de tous les lieux de la terre en degrez & en minutes, suivant la mesure qui avoit esté déterminée par Possidonius, il disposa ces mesmes lieux dans des tables géographiques selon la différence de leur longitude & de leur latitude, de la mesme maniere qu'il avoit disposé aprés Hipparque les lieux des étoiles fixes. Il prit pour fondement de sa nouvelle géographie les observations astronomiques faites dans les principales villes de différentes provinces depuis l'Irlande jusqu'à la Chine, & par ces observations il détermina les latitudes de ces villes. L'expérience a fait connoistre aussi-bien que la raison, que cette méthode de disposer les païs selon leurs paralleles & leurs méridiens par l'observation des astres, est la plus éxacte & la plus assurée pour la construction des tables géographiques. C'est pourquoy les meilleurs géographes s'en sont servis pour metre leurs cartes dans l'estat où elles sont à présent. Sans cette méthode les pilotes n'auroient jamais réüssi dans les longues navigations, & particulierement dans celles qu'ils ont entreprises pour découvrir le nouveau monde. Ainsi l'on peut conclure que c'est à l'astronomie que l'on est redevable de la découverte de la moitié du monde, qui avoit esté inconnuë jusqu'au siecle passé, & de tous les avantages du commerce que les nations les plus éloignées entretiennent maintenant entr'elles. *Ortelii Theatrum. Mercatoris Atlas, &c.*

Les grands ouvrages n'estant jamais parfaits dés leur commencement, il ne faut pas s'étonner que l'on ait trouvé tant de choses à réformer dans la géographie de Ptolémée. S'il avoit eu des observations astronomiques faites avec éxactitude en des lieux fort éloignez les uns des autres dans toute l'étenduë de la terre qui estoit connuë de son temps, il auroit déterminé leur situation avec plus de justesse qu'il n'a fait. Mais il estoit obligé de s'en rapporter aux relations des voyageurs, & à l'estime qu'ils avoient faite de leurs distances; & par des connoissances si incertaines il ne pouvoit pas déterminer éxactement les longitudes ni les latitudes. De-là viennent tant de fautes grossieres qu'il a faites dans la géographie. Il a mis toutes les Isles fortunées sous un mesme méridien, quoy-qu'elles ayent entr'elles une différence de longitude de plusieurs degrez; & il leur a donné dix ou douze degrez de latitude moins qu'elles n'en ont en effet. Il a encore plus mal déterminé la situation des parties les plus septentrionales des Isles Britanniques du costé de l'Orient, & des autres Isles voisines. Dans la description de l'Asie il donne à la ville capitale de la Chine trois degrez de latitude australe, bien que les parties les plus méridionales de la Chine ayent plus de vingt degrez de latitude septentrionale. Il fait terminer ce grand royaume du costé de l'Orient à des terres inconnuës; & néanmoins il est certain que l'Ocean luy sert de bornes. Il donne aussi pour limites à l'Afrique des terres inconnuës, peut-estre parce qu'il n'avoit point d'observations des parties les plus méridionales de cette troisiéme partie du monde. Enfin la situation qu'il donne à la grande isle de Taprobane dans la mer des Indes, est si incertaine que l'on ne sçait si c'est l'isle de Ceylan, ou celle de Sumatra, ou celle de Borneo.

Ptol. Geog. lib. 4. c. 6. sub finem.

Lib. 2. c. 3.

Lib. 7. c. 3.

Lib. 4. c. 9.

Lib. 7. c. 4.

Bien qu'il y euſt tant de choſes à corriger dans la géographie de Ptolémée, pluſieurs ſiecles s'écoulerent ſans que perſonne y miſt la main ; ſoit parce qu'il ne ſe trouvoit alors perſonne capable de le faire, ou plûtoſt parce qu'il ne ſe trouvoit point de princes qui vouluſſent faire la dépenſe des obſervations. En effet les princes Arabes qui conquirent les païs où l'on faiſoit une profeſſion particuliere de cultiver l'aſtronomie & la géographie, n'eurent pas plûtoſt déclaré l'intention qu'ils avoient de perfectionner ces ſciences, qu'il ſe trouva incontinent des perſonnes capables de contribuer à l'éxécution de leur deſſein. Almamon Caliphe de Babylone ayant alors fait traduire de Grec en Arabe le livre de Ptolémée de la grande compoſition, que les Arabes appellerent *Almageſte*, on fit par ſes ordres pluſieurs obſervations, par leſquelles on connut que la déclinaiſon du ſoleil eſtoit plus petite d'un tiers de degré que Ptolémée n'avoit enſeigné, & que le mouvement des étoiles fixes n'eſtoit pas ſi lent qu'il l'avoit crû. On meſura auſſi tres-éxactement par l'ordre de ce prince une grande étenduë de païs ſous un meſme méridien pour déterminer la grandeur d'un degré de la circonférence de la terre.

Calviſius ad annum 827.

Ainſi l'aſtronomie & la géographie ſe perfectionnoient peu à peu : mais l'art de naviger fit en peu de temps un progrés bien plus conſidérable par le moyen de la bouſſole. On ne ſçait ni qui eſt l'auteur de cette invention admirable, ni préciſément en quel temps on a commencé de s'en aviſer. Ce qu'il y a de certain, c'eſt que les François ſe ſervoient de l'aiman pour la navigation long-temps avant tous les autres peuples de l'Europe; comme il eſt facile de le juſtifier par les ouvrages de quelques-uns de nos anciens auteurs François, qui en ont parlé les premiers il y a plus de quatre cens ans. Il eſt vray qu'alors cette invention eſtoit encore tres-imparfaite : car ils diſent qu'on ne faiſoit que mettre l'aiguille dans un vaſe plein d'eau, où eſtant ſouſtenuë ſur un feſtu, elle avoit la liberté de ſe tourner vers le Nort. C'eſt de cette maniere de bouſſole que les Chinois ſe ſervent encore à préſent, ſi l'on en croit certaines relations modernes. Les navigateurs voyant l'importance de cette invention, firent pluſieurs obſervations aſtronomiques vers le commencement du quatorziéme ſiecle pour s'en aſſurer, & vérifierent qu'en effet une aiguille aimantée miſe

Guyot de Provines.

mise en équilibre sur un pivot se tourne d'elle-mesme vers le Pole, & que l'on peut se servir de cette direction de l'aiguille aimantée pour connoistre les régions du monde, & pour sçavoir par quel rumb de vent on doit naviger. On reconnut depuis par d'autres observations que l'aiguille aimantée ne marque pas toûjours le vray Nort, mais qu'elle a un peu de déclinaison tantost vers l'Orient, tantost vers l'Occident, & mesme que cette déclinaison change en divers temps & en divers lieux. Mais on trouva aussi le moyen de connoistre si précisément cette variation par l'observation du soleil & des étoiles, que l'on peut avec seureté se servir de la boussole pour trouver les régions du ciel, lors mesme que le temps est couvert, pourveu que peu de temps auparavant elle ait esté rectifiée par l'observation des astres.

Presqu'au mesme temps que la boussole commença d'estre en usage, l'éxemple des Caliphes excita les princes de l'Europe à prendre soin de l'avancement de l'astronomie. L'empereur Frederic II. ne pouvant souffrir que les Chrestiens eussent moins de connoissance de cette science que les Barbares, fit traduire d'Arabe en Latin l'Almageste de Ptolémée, d'où Jean de Sacrobosco professeur en l'Université de Paris, tira l'ouvrage qu'il fit de la sphere, sur lequel les plus habiles mathématiciens de l'Europe ont fait des commentaires. En Espagne Alphonse roy de Castille fit une dépense vrayment royale, pour assembler de tous costez ce qu'il y avoit de sçavans astronomes. Ils travaillerent par ses ordres à la réformation de l'astronomie, & firent de nouvelles tables, qui de son nom furent appellées Alphonsines. Ils ne réussirent pas la premiere fois dans l'hypothese du mouvement des étoiles fixes, qu'ils supposerent trop lent: mais dans la suite Alphonse corrigea leurs tables, qui ont esté depuis augmentées & réduites en une forme plus commode par divers astronomes. Cét ouvrage réveilla la curiosité des sçavans de l'Europe: ils inventerent aussitost diverses sortes d'instrumens pour faciliter l'observation des astres; ils calculerent des éphemérides, & firent des tables pour trouver en tout temps la déclinaison des planetes, laquelle estant jointe à l'observation des hauteurs méridiennes, sert à trouver les latitudes sur la terre & sur la mer; ils travaillerent aussi à faciliter le calcul des éclipses, par l'observation desquelles on trouve les longitudes.

Calvisius ad annum 827. 1239. & 1250.

Alstedii Encyclop. l. 32. c. 10. n. 5.

Calvisius ad annum 1252.

Tabulæ Blanchini, Schoneri, Prugneri, &c.

Jamais on n'avoit eu tant d'avantage pour réüssir dans la navigation : aussi les pilotes en sceurent profiter. Aidez de ces secours ils traverserent des mers inconnuës ; & le succés de ces premiers voyages les anima à tenter de nouvelles découvertes. Tous les peuples de l'Europe s'y appliquerent à l'envi. Les François furent des premiers à signaler leur courage & leur adresse: ils occuperent les Canaries,& ils pénétrerent bien avant dans la Guinée. Les Portugais prirent l'isle de Madere & celle du Cap-verd : & les Flamans découvrirent les isles des Açores.

Hist. de la Conqueste des Canaries par Bethencourt.

Ces découvertes ne furent que les préludes de celle du nouveau monde. Christophe Colomb se fondant sur la connoissance qu'il avoit de l'astronomie, & à ce que l'on dit sur les mémoires d'un pilote Basque que la tempeste avoit jetté dans une isle de l'Ocean Atlantique, entreprit de traverser cette mer. Il en fit la proposition à divers princes de l'Europe, dont les uns la négligerent, parce qu'ils estoient engagez dans des affaires plus pressantes ; les autres la rejetterent, parce qu'ils ne comprirent ni l'importance de cette expédition,ni les raisons que Colomb apportoit pour en faire connoistre la possibilité. Ainsi la gloire de la découverte du nouveau monde fut laissée aux rois de Castille qui en ont depuis tiré ces richesses immenses, lesquelles leur ont inspiré le dessein de la monarchie universelle,& les ont mis en estat de disputer quelque temps de puissance & de grandeur avec la France.

Colomb sçavoit bien par la connoissance qu'il avoit de la sphere & de la géographie, que navigeant toûjours vers l'Occident à peu prés sous le mesme parallele, il ne pouvoit manquer à la fin de trouver des terres, parce que s'il n'en trouvoit point de nouvelles il falloit nécessairement,la terre estant ronde comme elle est,qu'il arrivast par le plus court chemin à l'extrémité des Indes orientales. Dans les voyages qu'il avoit faits de Lisbonne à la Guinée allant du Septentrion vers le Midi il avoit vérifié qu'un degré de la circonférence de la terre contient cinquante-six milles & deux tiers, conformément à la mesure déterminée par les astronomes d'Almamon ; & il avoit appris dans les livres de Ptolémée qu'allant toûjours à l'Oüest, il n'y a pas plus de cent quatre-vingts degrez depuis les Canaries jusques aux premieres terres de l'Asie. Il partit donc des Canaries tenant toûjours l'avant de son navire à l'Oüest & sous un mes-

Fernand Colomb dans la vie de Colomb c. 4.

C. 6.

C. 17.

me parallele; & comme il ne se fioit pas entierement à la boussole, il eut soin d'observer toûjours le soleil pendant le jour, & les étoiles fixes pendant la nuit. Cette précaution l'empescha de s'égarer : car ceux qui ont écrit sa vie disent que les observations du ciel luy firent appercevoir à sa boussole une variation qui ne luy estoit pas connuë, & qu'elles servirent à le redresser dans son chemin. *C. 17.*

Aprés deux mois de navigation il aborda aux Isles Lucayes; & de là il passa à l'Hispaniole, à Cuba, & à Saint Domingue, d'où il apporta de grandes richesses en Espagne. L'astronomie qui luy avoit servi à découvrir ces riches païs, luy aida aussi à s'y établir. Car dans son second voyage sa flote estant réduite à l'extrémité par la disette de vivres, & les habitans de la Jamaïque ayant refusé de luy en fournir; il eut l'adresse de les menacer d'obscurcir la lune un jour qu'il sçavoit qu'une éclipse devoit arriver : & comme cette éclipse arriva en effet au jour qu'il avoit prédit, les barbares épouvantez luy accorderent tout ce qu'il voulut. *C. 21.*

Pendant que Colomb découvrit la partie méridionale du nouveau monde, les François en découvrirent la partie septentrionale, & luy donnerent le nom de nouvelle France. Americ Vespuce continua les découvertes de Colomb, & il eut le bonheur de donner son nom à tout le nouveau monde que l'on a depuis appellé l'Amerique. Il tira dans ses voyages de grands secours de l'astronomie, observant non seulement la latitude des lieux dont il faisoit la découverte, mais encore la différence de longitude. Il mesuroit la grandeur des jours & des nuits pour reconnoistre les climats; il faisoit la description des étoiles qu'il appercevoit de nouveau vers le Pole antarctique; & pour conduire son vaisseau il choisissoit celles qui estoient les plus proches du Pole.

Vespucius navigatione 1. Septentrionalem polum supra hujusmodi telluris horizontem 16. gradibus se elevare, magisque occidentalem 75. gradibus quam magnæ Canariæ insulas existere conspeximus, prout instrumenta omnia monstrabant.

Les pilotes du roy de Portugal qui jusques-là n'avoient fait que parcourir les costes Occidentales de l'Afrique, doublerent alors le Cap de Bonne-Espérance, & s'ouvrirent le chemin aux Indes orientales, où ils firent de tres-grandes conquestes. Ces longs voyages leur donnerent occasion de faire plusieurs belles découvertes au ciel & sur la terre. Entr'autres André Coursal donna la connoissance de quantité d'étoiles qui sont autour du Pole antarctique, des deux petits nuages qui l'environnent, &

Cadamustus navigatione 2. cap. 51.

Navig. Corsal. l. 1. particulierement de l'étoile qui sert de polaire, n'estant éloignée du Pole que d'environ onze degrez. Les anciens astronomes croyoient qu'il n'y avoit point d'étoiles autour de ce Pole ; & mesmes Clavius a soutenu sur la foy des anciens catalogues d'étoiles, ou de quelques relations modernes mais peu éxactes, qu'il n'y a point d'étoiles plus proches du Pole antarctique que de 29. ou 30. degrez. Cependant il est constant qu'il y en a un si grand nombre qui en sont voisines, qu'on les a distribuées en dix ou onze constellations.

Ces nouvelles découvertes firent naistre une grande contestation entre les rois de Portugal & de Castille touchant le réglement des limites jusqu'où ils pouvoient étendre leurs conquestes. Pour appaiser ce différend on determina une certaine ligne qui leur devoit servir de bornes, & qui fut pour cela appellée la ligne de *démarcacion*. Mais la position de cette ligne n'ayant pas esté bien déterminée, la contestation qui auroit pu estre assoupie si l'on eust consulté d'habiles astronomes, recommença peu de temps aprés, & elle dure encore.

Les relations des païs nouvellement découverts & les observations astronomiques faites en ces mesmes lieux furent le fondement des nouvelles descriptions du monde qui parurent en ce temps-là. Pierre Apian fut un des premiers qui publia une carte générale du monde ancien & nouveau. Mais cette carte estoit fort imparfaite, comme le sont ordinairement toutes les choses dans leurs commencemens : car elle représentoit l'Amérique méridionale & la septentrionale comme deux Isles séparées l'une de l'autre, & elle marquoit un passage ouvert pour aller de la mer de Nord en celle de Sud. On eut bientost reconnu que l'Amérique méridionale & la septentrionale sont jointes ensemble par l'Isthme de Panama : mais pour ce qui est du passage que plusieurs ont cru estre de la mer de Nord en celle du Sud, on n'a pu jusqu'icy le trouver, quoy-que l'on ait fait en divers temps plusieurs voyages pour le découvrir. Les pilotes du roy François I. costoyerent toute la nouvelle France, sans avoir trouvé de passage non seulement au lieu où les cartes de ce temps-là en marquent un, mais mesme dans toutes ces costes. Les Anglois entreprirent en suite plusieurs voyages plus avant vers le Pole pour aller chercher la communication de ces deux mers : mais enfin les glaces les ayant arrestez, &

Apiani Cosmog.

Fourn. 6. c. 14.

& les ayant tenu enfermez plusieurs mois à la mer, ils perdirent l'espérance de réüssir dans leur dessein. Ainsi l'on ne sçait pas encore au vray si la mer Septentrionale a communication avec celle des Indes par le détroit d'Anian, ou si l'Asie & l'Europe ne font qu'un continent avec les terres que l'on a découvertes auprés du pole Arctique.

On a eu plus de bonheur du costé du pole opposé. Car aprés avoir reconnu que l'Amerique Septentrionale est jointe à la Meridionale par l'Isthme de Panama, les pilotes ont si bien cherché vers le Midy, qu'ils ont à la fin trouvé un passage pour entrer dans la mer pacifique, & pour naviger aux Indes Orientales par l'Occident. Magellan fut le premier qui réüssit dans cette entreprise, ayant découvert le détroit qui porte son nom. Environ cent ans aprés, le Maire pilote Flamand découvrit un autre détroit, un peu plus éloigné mais beaucoup plus commode, auquel il donna aussi son nom; & Brower aprés luy trouva encore un autre passage. Par ces détroits plusieurs navigateurs ont depuis fait le tour du monde; & estant retournez en leur païs, il s'est trouvé qu'ils comptoient un jour entier moins que ceux qui n'en estoient point sortis, comme il doit arriver selon les principes de l'astronomie, parce qu'un tour de la terre qui est fait suivant le cours du soleil emporte la diminution d'un jour.

Il est évident que sans le secours de l'astronomie on n'auroit jamais pû réüssir dans ces longues navigations. Car elles demandent des pilotes versez dans la connoissance du mouvement des astres, & éxercez dans les observations astronomiques. Quand la tempeste ou les courans ont emporté un vaisseau dans un climat inconnu, il seroit impossible aux pilotes de se reconnoistre s'ils n'avoient des tables des déclinaisons du soleil & des étoiles fixes, pour trouver par l'observation des hauteurs des astres & par ces tables les latitudes des lieux où ils ont esté jettez, & pour connoistre en quelque façon les longitudes par l'observation des latitudes jointe à l'estime de la route. Car la déclinaison de l'aiman estant différente selon la différence des temps & des lieux, & montant jusqu'à 25. & quelquefois jusqu'à 30. degrez, l'usage de la boussole seroit non seulement inutile, mais mesme dangereux, si l'on n'avoit le moyen de le rectifier par l'observation du ciel. En un mot, quelque secours que l'on ait, il eſt impoſſible de ſe reconnoiſtre en pleine mer aprés une tempeſte ſans la connoiſſance des aſtres ; & au contraire avec la connoiſſance des aſtres on peut abſolument ſe paſſer de tous les autres ſecours. Qu'un pilote ait fait naufrage dans un païs inconnu ; qu'il ait perdu tous les inſtrumens dont on ſe ſert pour ſe conduire en mer, & meſme la bouſſole ; il ne perd pas pour cela l'eſpérance de ſe remettre en chemin & d'arriver où il ſouhaite, s'il peut ſeulement tracer ſur quelque planche un quart de cercle & le diviſer en degrez, pour prendre les hauteurs de quelque aſtre dont il connoiſt la déclinaiſon.

Pour revenir au progrés que l'aſtronomie & la géographie ont fait pendant ces derniers ſiecles ; la France a produit pluſieurs hommes illuſtres qui ont excellé dans ces ſciences, parce que de temps en temps elle a eu de grands princes qui ont pris ſoin d'exciter par des récompenſes les François à s'y appliquer. Charles V. ſurnommé le Sage fit traduire en François quantité de livres de mathématique par pluſieurs ſçavans perſonnages. Entr'autres Nicolas Oreſme qui eſtoit un des plus ſçavans Mathématiciens de ſon temps au jugement de Pic de la Mirande, traduiſit en noſtre langue un traité de la ſphere, & le livre qu'Ariſtote a compoſé du ciel & du monde ; & il eut, à ce que l'on dit, en conſidération de ces traductions, l'Eveſché de Liſieux. Ce ſage Roy fonda auſſi deux chaires de mathématique dans le college de Maiſtre Gervais à Paris, pour faciliter à ſes ſujets l'étude de ces ſciences. Sous le regne ſuivant, Pierre Dailly chancelier de l'Univerſité de Paris, qui fut confeſſeur du roy Charles VI. & puis Eveſque de Cambray, & enfin Cardinal, fit un des premiers connoiſtre la néceſſité de corriger le calendrier Julien, qui ne s'accordant plus avec le ciel marquoit alors les équinoxes neuf jours, & les nouvelles lunes quatre jours plus tard qu'il ne falloit. Il propoſa au Concile de Conſtance la maniere de faire cette correction ; & il fit pluſieurs livres d'aſtronomie tres-doctes pour ce temps-là.

Jo. Picus in aſtr. lib. 6. c. 1. & lib. 12. c. 7.

Goſſelin, dans l'épitre dédicatoire de la traduction du Calendrier Grégorien.

Aprés luy Jacques Fabry, vulgairement appellé Faber, ſervit beaucoup par ſes ouvrages à entretenir en France la connoiſſance des ſciences, & particulierement de l'aſtronomie. Cependant il faut avoüer qu'au quinziéme ſiecle l'aſtronomie ne fit pas beaucoup de progrés. Mais au ſiecle ſuivant l'établiſſement que le roy François I. fit de deux lecteurs pour enſeigner dans la ville capitale de ſon royaume les mathématiques, & les récompenſes dont il combla ceux qui s'y appliquoient, excitérent quantité de beaux eſprits à cultiver ces ſciences. Alors Oronce Finé, l'un des lecteurs royaux nouvellement établis, fit pluſieurs cartes geographiques, compoſa divers traitez de la ſphere & de la théorie des planetes, & s'appliqua à perfectionner les inſtrumens propres pour obſerver. Guillaume Poſtel, l'autre des lecteurs royaux, paſſa pour un prodige non ſeulement à cauſe de la connoiſſance qu'il avoit de toutes les langues du monde, mais encore à cauſe de ſa grande capacité dans les mathématiques: Il compoſa un traité de coſmographie & quelques autres ouvrages concernant l'aſtronomie. Ces deux profeſſeurs firent quantité de ſçavans éléves qui ſurpaſſerent en peu de temps leurs maiſtres meſmes. De cette école ſortirent Jean Pena & Paſchal Duhamel qui furent enſuite profeſſeurs royaux en mathématique, Elie Vinet, & quantité d'autres. Ramus, qui fut auſſi profeſſeur royal, ſe ſignala non ſeulement par ſes doctes écrits, mais encore par l'établiſſement d'une chaire qu'il fonda pour enſeigner les mathématiques indépendamment des hypotheſes ordinaires & des opinions communément receûës. Fernel, qui fut depuis premier médecin du roy Henri II. rendit ſon nom célebre par la grande connoiſſance qu'il aquit des mathématiques. Il en donna des preuves par le livre qu'il mit au jour ſous le titre de Coſmothéorie, où il rapporte la meſure qu'il obſerva d'un degré de la terre avec tant de juſteſſe, qu'il ſe trouve avoir approché plus prés qu'aucun autre de la meſure qui a depuis eſté obſervée dans les meſmes lieux par l'Académie royale des Sciences.

L'Allemagne & les païs du Nord ont auſſi donné pluſieurs excellens aſtronomes depuis le quinziéme ſiecle. Purbachius, & Regiomontanus ſon diſciple, contribuérent beaucoup par leurs ſçavans ouvrages à perfectionner l'aſtronomie. Enſuite Copernic mit au jour le livre admirable qu'il intitula *Des révolutions*, où il changea l'hypotheſe ordinaire du mouvement du premier mobile pour expliquer les apparences céleſtes. Il traita auſſi du mouvement des planétes plus éxactement que l'on n'avoit fait juſqu'alors; & ce fut ſur ſes principes que Reinholdus fit les tables Pruténiques, & Magin celles des ſeconds mobiles ſur leſquelles il compoſa des éphémerides. Le

Landgrave de Hesse fit luy-mesme plusieurs observations, & il en fit faire par Rotman quantité d'autres, dont une grande partie a esté mise au jour par Snellius. De plus il fit un ample catalogue des étoiles, réformé sur ses observations, qui a esté publié par le P. Curtius. Mais le fameux Tycho-Brahé l'emporta de beaucoup sur tous les astronomes qui l'avoient précédé. Outre la théorie & les tables du soleil & de la lune, & quantité de belles observations qu'il a faites, il a composé avec tant d'éxactitude un nouveau catalogue des étoiles fixes, que ce seul ouvrage peut mériter à son auteur le nom, que quelques-uns luy ont donné, de restaurateur de l'astronomie.

Sur les observations de Tycho, Magin réforma les tables du premier & des seconds mobiles, qu'il avoit auparavant composées sur les observations de Copernic; Longomontanus fit l'astronomie & les tables Danoises; & Kepler composa son Epitome de l'astronomie de Copernic, & fit les tables Rudolphines sur le projet de Tycho. En suite Lansberge fit les tables appellées de son nom; M. Boüillaud, les Philolaïques; Wing, les Britaniques; & Streete, les Carolines. L'invention admirable des logarithmes, qui fut trouvée par Neper, & perfectionnée par Briggius, par Vlacq & par Cavalleri, facilita beaucoup la construction de ces tables.

Pendant que Tycho observoit en Dannemarc, plusieurs astronomes célebres assemblez à Rome sous l'autorité du Pape Grégoire XIII. travaillérent avec beaucoup de succés à la correction des erreurs qui s'estoient glissées insensiblement dans l'ancien calendrier par la précession des équinoxes & par l'anticipation des nouvelles lunes. Ces erreurs auroient dans la suite entierement renversé l'ordre établi par les Conciles pour la célébration des festes mobiles, si l'on n'avoit réformé le calendrier suivant les observations modernes des mouvemens du Soleil & de la Lune comparées avec les anciennes. Ce fut Lilius qui inventa la nouvelle forme de l'année Grégorienne: mais aprés sa mort Clavius la perfectionna, en donna l'explication, & en fit l'apologie.

Au siecle où nous sommes on a fait une infinité de nouvelles découvertes qui ont mis l'astronomie en un estat incomparablement plus parfait qu'elle n'a esté depuis que l'on a commencé de l'enseigner dans l'Europe. Le célebre Galilée ayant sceû

ſceû profiter de l'invention des lunettes d'approche, a le premier apperceû dans le ciel des choſes qui ont paſſé long-temps pour incroyables. Il a fait voir diſtinctement des enfoncemens & des éminences dans la ſurface de la lune : Il a apperceû le croiſſant de l'étoile de Venus, l'anneau de Saturne qu'il prenoit pour deux corps placez aux coſtez de cette planette, & les ſatellites de Jupiter : Il a meſme remarqué le temps de la révolution de ces ſatellites, & il a conclu le premier par le mouvement des taches qu'il avoit obſervées dans le diſque du ſoleil, que cét aſtre tourne ſur ſon axe à peu prés dans le temps d'un mois lunaire, ſuivant ſes ſupputations. On doit mettre M. Deſcartes au rang de ceux qui ont perfectionné l'aſtronomie ; car le livre qu'il a compoſé des principes de la philoſophie, fait voir qu'il n'a pas moins travaillé ſur la ſcience du mouvement des aſtres, que ſur les autres parties de la phyſique : mais il s'eſt plus attaché à raiſonner qu'à obſerver. M. Gaſſendi s'eſt appliqué davantage à la pratique de l'aſtronomie. Il a publié quantité d'obſervations tres-importantes, & il a la gloire d'avoir le premier obſervé la planette de Mercure dans le diſque du ſoleil, où elle a eſté depuis vûë par pluſieurs autres aſtronomes. Il a encore donné au public une inſtitution aſtronomique, qui a ſervi de modele à quantité d'auteurs pour compoſer de ſemblables livres, parce qu'elle eſt tres-propre pour apprendre les élémens d'aſtronomie. Le P. Riccioli a auſſi beaucoup contribué à perfectionner non ſeulement l'aſtronomie, mais encore la géographie & la chronologie, par pluſieurs ſçavans ouvrages, où il a renfermé tout ce que l'on a écrit juſqu'icy de plus excellent ſur ces ſciences & il a inſéré une infinité d'obſervations qu'il a faites avec le pére Grimaldi aſſez connu d'ailleurs par les découvertes qu'il a faites dans l'Optique.

On ſeroit trop long ſi l'on entreprenoit de parler icy des ſçavans ouvrages de Viéte qui regardent l'aſtronomie ; de la méthode de trouver les longitudes, inventée par Morin ; de la théorie des planettes publiée par Hérigone ; de l'application que le P. Pétau a fait de l'aſtronomie à la chronologie ; des tables aſtronomiques de Duret, du Comte de Pagan, & du P. Grandamy ; des inſtitutions aſtronomiques de Blancanus & de Taquet ; des cartes du P. Pardies, & d'une infinité d'autres ouvrages ſemblables.

Nous n'entreprendrons pas non plus de parler de tant de ſçavans hommes vivans, qui ont illuſtré l'aſtronomie & la géographie par leurs doctes écrits. Ce ſujet eſt trop vaſte, & demanderoit un livre tout entier. Nous parlerons ſeulement en peu de mots des ouvrages d'aſtronomie que l'Academie a déja donnez au public, & de ceux qui ſont déja fort avancez, & qu'elle ſe propoſe de faire imprimer dans peu de temps. Mais avant que d'entrer dans le détail de ces ouvrages, il eſt à propos de dire ici quelque choſe de l'établiſſement de l'Academie Royale des Sciences.

Pluſieurs années avant que cette Academie fuſt établie, on faiſoit à Paris diverſes conférences de phyſique & de mathématique. Dés l'an 1638. le P. Merſenne commença à faire de ces ſortes de conférences, qui furent depuis continuées par M. de Montmor & par M. Thevenot. Quantité de ſçavans hommes prenoient plaiſir à venir s'y entretenir des obſervations aſtronomiques, des problemes d'analyſe, des expériences de phyſique, & des nouvelles découvertes dans l'anatomie, dans la chimie, & dans la botanique. On y voyoit ſouvent aſſiſter M[rs] Gaſſendi, Deſcartes, Fermat, Deſargues, Hobbes, de Roberval, Boüillaud, Frenicle, Petit, Pecquet, Auzout, Blondel, Paſchal pere & fils, & beaucoup d'autres connus par leurs ouvrages, qu'il ſeroit trop long de nommer. Pluſieurs étrangers s'y trouvoient auſſi, & entr'autres Mr Oldembourg, qui ayant depuis paſſé en Angleterre & ayant inſpiré aux Anglois le deſſein de faire de ſemblables conférences, donna occaſion à l'établiſſement de la ſocieté royale d'Angleterre. Mais ces aſſemblées de phyſique & de mathématique qui ſe tenoient alors à Paris, n'eſtoient que des aſſemblées de particuliers, & non pas des compagnies établies par l'autorité du Roy. Ce ne fut qu'en 1666. que Sa Majeſté voulant rendre ſon regne auſſi célébre par les ſciences qu'il eſt glorieux par les armes, choiſit entre ſes ſujets ceux qu'il jugea propres pour former une Academie, & attira des païs étrangers quelques-uns de ceux qui s'eſtoient ſignalez par les découvertes qu'ils avoient faites & par les ouvrages qu'ils avoient donnez au public. Ainſi Sa Majeſté établit une Compagnie ſous le nom d'Academie Royale des Sciences, qu'Elle compoſa de mathématiciens & de phyſiciens, qui eurent ordre de s'appliquer, chacun de ſon coſté, à découvrir ce qui pouvoit estre échappé à la recherche des anciens dans chaque partie de la physique & des mathématiques, & mesme de perfectionner ce qui n'avoit esté qu'ébauché jusqu'alors.

Ce n'est pas ici le lieu de parler des ouvrages qui ont paru sous le nom des particuliers qui composent cette compagnie, ni mesme de ce que l'Academie a fait sur l'anatomie, sur la chimie, sur la géometrie, sur l'analyse, & sur la méchanique: on en rendra compte au public en un autre endroit. Pour ne pas sortir des limites que nous nous sommes prescrites, nous ne parlerons ici que de l'astronomie & de ses dépendances.

Le Roy ayant fait bastir l'Observatoire, dont le dessein, la grandeur & la solidité sont également admirables; l'Academie, pour répondre aux intentions que sa Majesté avoit euës dans la construction de ce superbe édifice, s'appliqua avec beaucoup de soin à tout ce qui pouvoit contribuer au progrés de l'astronomie. On sçait de quelle importance il est pour les observations astronomiques d'avoir des horloges justes & bien réglées. Tycho-Brahé avoit essayé tous les moyens qu'il s'estoit pû imaginer, pour mesurer éxactement le temps, soit par les clepsydres d'eau, de mercure, & de diverses autres liqueurs; soit par d'autres manieres d'horloges qu'il avoit fait faire sur différens principes. Mais aprés s'estre épuisé sur ce sujet, il fut obligé d'en revenir aux horloges ordinaires, quoy-qu'il eust sensiblement reconnu leur peu de justesse, lors qu'il les avoit comparées avec le mouvement des astres. L'Academie ayant résolu de chercher quelque maniere plus éxacte de mesurer le temps, un des academiciens qui avoit déja trouvé la maniere d'appliquer aux horloges le mouvement du pendule, s'étudia à les régler & à les perfectionner, & les porta enfin à un tel point de perfection & de justesse par le moyen de la cycloïde, que souvent elles ne varient pas mesme d'une seconde en plusieurs jours: de sorte qu'elles rendent sensibles les inégalitez du mouvement des corps celestes, & qu'elles font connoistre les différences des ascensions droites entre le soleil & les étoiles fixes avec plus d'éxactitude & de facilité que l'on ne pouvoit faire auparavant par le moyen des observations de la lune & de Venus, qui sont sujettes à quantité d'erreurs à cause du mouvement propre de ces planettes. L'utilité de cette invention n'est pas bornée à ce qui regarde seulement l'astronomie. On pourroit s'en ſervir dans les voyages de long cours pour trouver la différence des méridiens, ſi l'on mettoit en pratique ce qui a eſté propoſé pour empeſcher qu'elles ne ſe ſentent de l'agitation du navire, & ſi l'on avoit ſoin de porter enſemble pluſieurs de ces horloges pour les rectifier l'une par l'autre dans les tempeſtes. On pourroit employer au meſme uſage d'autres horloges inventées auſſi par l'Academie, dans leſquelles le mouvement eſt réglé par un reſſort droit ou ſpiral appliqué au balancier, & meſme ſe ſervir des nouvelles horloges de ſable à long tuyau qui meſurent éxactement le temps, & qui ſont auſſi de l'invention de la Compagnie.

L'idée de la meſure univerſelle n'eſt qu'une ſuite de l'égalité du mouvement des pendules. Car ſi les vibrations des pendules d'égale longueur eſtoient égales par tout le monde, on auroit une meſure univerſelle & perpetuelle à laquelle toutes les autres meſures qui ſont en uſage dans le monde pourroient eſtre rapportées; & quand meſme la différence des climats apporteroit quelque différence dans la durée des vibrations des pendules de meſme longueur, on ne laiſſeroit pas d'avoir au moins une meſure certaine & perpetuelle pour chaque lieu.

Il eſt vray, comme nous l'avons déja dit, que l'Aſtronomie avoit receû de tres-grands avantages de l'invention des lunettes d'approche: mais parce qu'on n'avoit point encore de maniere aiſée de travailler des verres, on trouvoit fort peu de bonnes lunettes qui fuſſent d'une longueur ſuffiſante pour faire de nouvelles découvertes; & cette rareté empeſchoit que l'on ne tiraſt de l'invention des grandes lunettes tout l'avantage qu'on en pouvoit attendre. Et quoy-que les François, & meſme les étrangers, excitez par la liberalité du Roi, euſſent fait tout ce que l'on pouvoit eſperer de leur adreſſe; ils avoient mieux réuſſi à perfectionner qu'à faciliter cette admirable invention. Mais enfin on a trouvé dans l'Academie le moyen de travailler des verres de toutes ſortes de grandeurs avec autant de facilité que de juſteſſe. On en peut juger par le grand nombre d'excellens verres que l'Academie a envoyez de tous coſtez: de ſorte que l'on peut dire que la France a part en quelque façon aux obſervations aſtronomiques que l'on fait dans les païs étrangers, puis que la pluſpart des Obſervateurs, meſme dans les païs les plus éloignez, ſe ſervent des verres qu'ils ont eûs de

l'Acadel'Academie. On voit aujourd'huy par le moyen des lunettes les diametres des objets non pas seulement quarante fois comme au temps de Galilée, mais quatre ou cinq cens fois plus grands que lors qu'on les regarde sans lunettes ; & l'on pourra encore les voir beaucoup plus grands, si l'on observe de la maniere qui se pratique présentement à l'Observatoire. Car l'Academie se sert commodément de verres de deux & de trois cens pieds par le moyen d'une tour haute de six-vingts pieds que l'on a fait élever exprés pour cét usage sur la terrasse de l'Observatoire. Ce qui acheve de perfectionner cette maniere de se servir des grands verres, c'est que l'on a inventé pour porter le verre une machine composée des cercles de la sphere, & d'une horloge qui fait mouvoir le verre de mesme que se meut l'astre qu'on observe, en sorte que le verre demeure toûjours directement exposé à l'astre.

L'invention que l'Academie trouva au commencement de son établissement, d'appliquer des lunettes au lieu de pinnules aux alidades des quarts de cercles & des autres instrumens dont on se sert pour faire des observations sur la terre & dans le ciel, a esté d'une tres-grande utilité dans la suite : car on fait à présent les observations astronomiques & l'on prend les angles des triangles pour les cartes géographiques avec une facilité & une justesse infiniment plus grande que l'on ne faisoit auparavant avec de simples pinnules. Les nivellemens que l'on a faits avec des niveaux où l'on avoit appliqué des lunettes, sont des preuves certaines de la justesse de cette invention : car lors qu'on a nivellé les conduites des étangs faits aux environs de Trappes, des sources de la montagne de Roquancourt, & des autres eaux qui ont esté ramassées prés de Versailles, on a toûjours trouvé dans l'éxécution les mesmes hauteurs que les nivellemens avoient données. Lorsque le Roy ordonna à l'Academie de niveller les rivieres de Seine, de Loire, de Loin, & d'Estampes, pour sçavoir précisément la hauteur de leurs eaux, tant entr'elles qu'à l'égard de Versailles ; les mesmes opérations ayant esté réiterées plusieurs fois ne se sont jamais trouvé différentes. Enfin dans les nivellemens que l'on a fait avec une tres-grande éxactitude pour trouver les hauteurs & les pentes de la riviere d'Eure, les opérations, quoy-que faites par différens chemins, en divers temps, & par l'espace de plus de vingt-cinq lieuës, ont toûjours esté conformes, & l'on a trouvé que les eaux de la riviere d'Eure se pouvoient conduire beaucoup plus haut que le dessus du Chasteau de Versailles. L'expérience a confirmé les opérations de l'Académie : car sur l'assurance de ces nivellemens Sa Majesté ayant résolu de faire cette entreprise, qui est une des plus grandes & des plus surprenantes que l'on ait jamais faites, à cause des difficultez qu'il faut surmonter en chemin ; & ensuite l'eau ayant esté conduite l'espace de prés de 20000. toises dans une partie que l'on a faite de ce nouveau canal, elle s'est soustenuë à la mesme hauteur, & elle a facilement coulé avec la mesme pente que l'on avoit déterminée par le nivellement.

L'Academie trouva encore au commencement de son établissement le moyen d'appliquer le micrometre aux lunettes ; & cette invention luy a beaucoup servi en plusieurs rencontres. On ne pouvoit auparavant qu'avec beaucoup de difficulté & mesme d'incertitude, mesurer les diamétres des étoiles fixes & des planettes, déterminer la quantité des éclipses du soleil & de la lune, ni observer les différens éloignemens d'une mesme planette : mais cette application du micrometre aux lunettes donne un moyen aussi aisé que certain de faire toutes ces observations avec beaucoup de précision.

Ainsi la perfection où l'on a porté les grandes lunettes, l'application qu'on en a faite à divers instrumens, la commodité d'un Observatoire basti exprés, & l'abondance de toutes les choses nécessaires que Sa Majesté fait fournir aux Observateurs avec une magnificence Royale, ayant facilité les observations ; l'Academie a découvert dans le ciel plusieurs choses qui n'estoient point encore connuës, elle en a vérifié beaucoup d'autres qui estoient douteuses, & elle a corrigé diverses erreurs qui avoient passé jusqu'icy pour des véritez constantes.

Pour établir solidement les principes de l'astronomie, l'Academie jugea qu'avant toutes choses il falloit s'appliquer à distinguer les fausses apparences d'avec les véritables. Les anciens avoient supposé que les rayons des astres viennent en ligne droite jusqu'à nostre œil. On s'estoit bien apperceû depuis environ un siécle, que cette supposition ne s'accorde pas avec les observations ; & on avoit reconnu que les rayons se rompent en passant de l'æther dans l'air qui environne la terre, que cette réfraction fait paroistre les astres plus élevez qu'ils ne sont en effet, & que prés de l'horison elle éléve le soleil & la lune plus que de la grandeur de leurs diamétres : Mais les plus célébres astronomes modernes s'estoient encore trompez, en ce qu'ayant remarqué que les réfractions deviennent plus petites à mesure que les hauteurs sont plus grandes, ils avoient prétendu que les réfractions des étoiles fixes deviennent imperceptibles à la hauteur de 30. degrez, & celles du soleil à la hauteur de 45.

L'Academie a trouvé par quantité d'observations tres-éxactes, que les réfractions tant du soleil que des étoilles fixes, sont encore fort sensibles à la hauteur de 45. degrez ; qu'elles sont les mesmes de jour que de nuit ; qu'elles ne sont point différentes pour le soleil & pour les étoiles ; qu'elles ne deviennent imperceptibles qu'au zenith ; qu'il faut par conséquent corriger toutes les hauteurs apparentes des astres, & qu'il faut mesme diminuer les hauteurs de pole. Car bien que les anciens n'ayent jamais fait de différence entre les hauteurs du pole apparentes & les véritables, néanmoins il est certain que les hauteurs du pole paroissent dans nos climats plus grandes de quelques minutes qu'elles ne le sont en effet : d'où il s'ensuit qu'il y a eû jusqu'à présent de l'erreur dans tous les calculs astronomiques fondez sur la hauteur du pole, & qu'y ayant peu d'observations qui ne supposent la hauteur du pole, il y en a peu qu'il ne faille corriger.

Pour trouver la grandeur des réfractions dans les grandes hauteurs où les réfractions sont peu sensibles, l'Academie s'est appliquée à chercher une hypothese par laquelle on pust déterminer la hauteur de l'air qui cause les réfractions des astres, sa proportion au diamétre de la terre, & la proportion des réfractions de l'air à celles de l'æther ; & sur cette hypothese elle a inventé des méthodes géométriques pour conclure de la grandeur des réfractions dans les moindres hauteurs où elles sont tres-sensibles, quelle doit estre la grandeur des réfractions dans les grandes hauteurs : ce qui a esté confirmé par les observations.

Aprés s'estre assuré de la grandeur des réfractions, on a tasché de bien connoistre les parallaxes du soleil, qui tout au contraire des réfractions le font paroistre plus bas qu'il n'est en effet. Il est tres-difficile de dire rien de précis sur cette matiére, qui est une des plus embarassées de l'astronomie. Néanmoins l'Academie ayant trouvé que divers mélanges de réfractions & de parallaxes faisoient le mesme effet, à conclu, en les appliquant aux mesmes hauteurs apparentes, quelles doivent estre les mesmes hauteurs véritables.

Comme les hauteurs méridiennes du soleil comparées avec la hauteur du pole donnent la déclinaison de cét astre, & que la connoissance de son mouvement est principalement fondée sur celle de sa déclinaison ; on eut un grand avantage pour établir la théorie du soleil, lorsqu'on eut trouvé des moyens certains de réduire les hauteurs apparentes aux véritables. On tâcha premiérement d'établir l'obliquité de l'écliptique, parce qu'il faut nécessairement connoistre cette obliquité pour trouver le vray lieu du soleil dans le zodiaque chaque jour de l'année, & que delà dépend la construction de toutes les tables du premier mobile. Les véritables hauteurs méridiennes du soleil dans les solstices d'hiver & d'esté ayant esté comparées tant entr'elles-mesmes qu'avec la véritable hauteur du pole, on trouva que l'obliquité de l'écliptique estoit plus petite de deux minutes & demie que n'avoient prétendu les plus célébres astronomes de ce siécle, qui n'avoient pas distingué les hauteurs apparentes du soleil & du pole d'avec les véritables.

Il n'estoit pas moins important de déterminer l'excentricité du soleil, touchant laquelle il y a une célébre contestation entre les astronomes modernes. Quelques-uns soustiennent avec tous les anciens que l'inégalité apparente du mouvement annuel du soleil doit estre attribuée toute entiere à la variation de la distance entre le soleil & la terre. Kepler au contraire prétend qu'il n'y a que la moitié de cette inégalité de mouvement qui soit optique, que l'autre moitié est physique, & que par conséquent l'excentricité du soleil est moindre de la moitié que n'ont supposé les anciens. Pour décider cette question célébre, on compara l'observation de la variation annuelle du diamétre apparent du soleil, laquelle dépend de la simple excentricité, avec les observations de l'inégalité apparente de son mouvement ; & comme la proportion de l'inégalité du mouvement

vement du ſoleil ſe trouva double à celle de la variation apparente de ſon diamétre, on infera que le ſoleil n'a en effet que la moitié de l'excentricité que l'on devoit ſuppoſer pour attribuer toute l'inégalité de ſon mouvement à une ſimple apparence; d'où il s'enſuit que la moitié de cette inégalité n'eſt qu'apparente, mais que l'autre moitié eſt veritable. On trouva meſme que cette moitié veritable eſt plus petite d'une dix-huitiéme partie que les modernes n'avoient ſuppoſé: de ſorte que le mouvement du ſoleil eſt un peu moins inégal qu'ils n'avoient crû. Ainſi on trouva que l'équinoxe du printemps arrive trois heures plus tard, & l'équinoxe de l'autonne trois heures plûtoſt que ne marquoient les tables modernes; mais que l'un & l'autre ſolſtice arrive à l'heure marquée par ces meſmes tables.

De la theorie du ſoleil on paſſa à celle de la lune, où l'on fit auſſi pluſieurs nouvelles découvertes.

1. On obſerva le diamétre de la lune avec une tres-grande exactitude, & l'on s'apperceût évidemment qu'il augmente toûjours quand elle monte de l'horiſon vers le zenith, & qu'il diminuë quand elle deſcend du zenith à l'horiſon.

2. On trouva que le diamétre de la lune diminuë depuis les conjonctions juſqu'aux quadratures, quand elle eſt vers le perigée, mais qu'il ne paroiſt point diminuër lorſqu'elle eſt vers l'apogée. Il eſtoit difficile de trouver une theorie qui puſt expliquer cette variation. L'Academie en a inventé une qui l'explique par un certain équilibre que la lune doit garder avec la terre dans ſa révolution annuelle.

3. On a cherché par des methodes nouvelles la parallaxe de la lune dans les diverſes diſtances de ſon apogée & des conjonctions. Comme la lune en faiſant ſa révolution journaliere vers l'occident eſt plus proche de nous, ſon mouvement vers l'occident paroiſt auſſi plus viſte lorſqu'elle eſt plus proche de noſtre meridien. On s'eſt ſervy de cette variation apparente de la viteſſe du mouvement de la lune vers l'occident, pour déterminer combien elle eſt diſtante de la terre, & l'on a obſervé cette viteſſe à l'égard de celle des étoiles fixes qui ſe rencontroient dans le meſme parallele, en meſurant à diverſes heures la difference de leurs aſcenſions droites.

4. On a examiné la proportion des diamétres apparens de la lune avec sa parallaxe horisontale, & en les comparant ensemble on a trouvé que cette proportion est comme 15 à 56. Ainsi l'on a maintenant une methode pour trouver exactement en tout temps la parallaxe de la lune par l'observation de son diamétre, & mesme de réduire le lieu apparent de la lune au lieu veritable, en observant le diamétre de la lune au mesme temps que l'on détermine le lieu apparent. C'est ce qui manquoit aux anciens pour faire cette réduction avec justesse, lorsqu'ils vouloient mettre en usage les observations de la lune.

5. Rien ne contribuë davantage à la perfection de la theorie de la lune, que l'observation des éclipses. Mais la difficulté de distinguer dans les éclipses de lune l'ombre veritable d'avec la penombre, avoit rendu jusqu'à présent douteuses la pluspart de ces observations. Pour éviter cét inconvenient l'Academie a déterminé avec soin les phases principales par l'immersion & l'émersion des taches de la lune, & elle a établi par une methode nouvelle & facile la situation apparente de ces taches dans le disque de la lune au temps des éclipses. Elle a aussi trouvé la methode de suppléer au defaut des observations lorsque les nuages empeschent d'observer le commencement & la fin des éclipses du soleil, pourveû qu'on puisse voir le soleil pendant trois ou quatre minutes de temps seulement.

6. On a fait une description exacte des taches de la lune, non-seulement pour observer les éclipses avec plus de facilité & de précision, mais encore pour examiner si dans la suite du temps il n'arrivera point de changement à quelques-unes de ces taches. On a observé des changemens tres-remarquables dans les taches du soleil; mais jusqu'icy l'on n'en a point apperçû dans celles de la lune; ou si l'on a crû y remarquer quelques petites differences en certains endroits, on a douté si ces differences ne viennent point de la differente maniere dont ces taches sont éclairées des rayons du soleil; parce qu'il est difficile que la lune, à cause de sa libration, soit toûjours éclairée du soleil de la mesme maniere dans les mesmes phases.

7. Pour expliquer cette libration apparente on a trouvé

une theorie tres-ſimple & tres-naturelle. Comme les Coperniciens attribuënt deux mouvemens à la terre, l'un annuel & l'autre journalier; de meſme on a conſideré dans la lune deux mouvemens differens. Par l'un de ces mouvemens dont la révolution s'acheve en 27 jours & un tiers, la lune paroiſt tourner d'orient en occident ſur un axe parallele à celuy de ſon orbite. L'autre mouvement ſe fait réellement d'occident en orient ſur un axe dont les poles ſont éloignez de ceux de l'orbite de la lune tranſportée dans ſon globe de ſept degrez & demy, & des poles de l'écliptique, de deux degrez & demy; & il a pour colure ou premier meridien le cercle de la plus grande latitude de la lune tranſporté auſſi dans ſon globe. De la complication de ces deux mouvemens contraires, dont l'un n'eſt qu'apparent & l'autre eſt réel, l'un eſt inégal & l'autre égal, réſulte la libration apparente de la lune. Car ſi le premier mouvement qui ſe communique également à toutes les parties de la lune n'eſtoit meſlé d'aucun autre, le globe de la lune nous paroiſtroit tourner d'orient en occident autour d'un axe parallele à celuy de ſon orbite avec les inégalitez qui viennent du mouvement de la lune par le zodiaque; de meſme que dans l'hypotheſe des Coperniciens, ſi la révolution annuelle de la terre n'eſtoit point compliquée avec ſa révolution journaliere, le globe de la terre vû du ſoleil paroiſtroit tourner ſur ſon axe perpendiculaire au plan de l'écliptique: mais comme le mouvement inégal eſt meſlé à l'autre mouvement égal des taches, qui ſe fait en un ſens contraire; la lune paroiſt avoir deux mouvemens differens, & c'eſt dans la difference de ces deux mouvemens que conſiſte cette apparence de libration.

Pour ce qui eſt des cinq autres planettes, on a exactement obſervé leurs diſques apparens, qui ſelon leurs differentes ſituations à l'égard du ſoleil ont des phaſes differentes comme la lune, mais peu ſenſibles dans les planettes ſuperieures. Par ces obſervations on a reconnu que chaque planette fait ſa révolution particuliere autour du ſoleil, comme Copernic & Ticho l'ont ſuppoſé; & qu'elles ont toutes à l'égard de cét aſtre à peu prés la meſme excentricité que les anciens leur donnoient à l'égard de la terre. L'excentricité du ſoleil faiſant une inégalité apparente dans le mouvement de ces planétes, & s'étant trouvée plus petite que les astronomes modernes ne l'avoient supposée, comme nous l'avons dit cy-dessus, la theorie de ces cinq planétes, & principalement de celles qui sont plus proches du soleil, a eû besoin d'une correction considerable. Pour trouver ces excentricitez particulieres des planettes, leurs apogées, & les époques de leur moyen mouvement, on a trouvé une methode geometrique de comparer ensemble toutes les observations que l'on a pû avoir, & l'on a tiré de cette comparaison la détermination de toutes ces choses.

Sur ce que l'on avoit cy-devant reconnu par plusieurs observations que la vitesse réelle des planettes augmente à proportion qu'elles approchent du soleil, & qu'elle diminuë à mesure qu'elles s'en éloignent; l'on a inventé une ligne pour servir d'orbite aux planettes. Cette ligne est une maniere d'ellipse dans laquelle les rectangles faits par les lignes tirées de la planette à l'un & à l'autre foyer sont toûjours égaux; au lieu que dans les ellipses ordinaires ce sont les sommes des deux distances des foyers qui sont toûjours égales entr'elles. On a aussi corrigé les époques de leurs mouvemens & leurs anomalies, principalement celles de Mercure.

Les frequentes observations que l'on a faites de la planette de Jupiter, y ont fait découvrir plusieurs taches dont quelques-unes sont claires & les autres obscures. On a trouvé d'abord que les unes & les autres font leurs révolutions autour de Jupiter en 9 heures & 56 minutes, qui est la révolution la plus courte de toutes celles que l'on a jusqu'icy observées dans le ciel: & on s'est aperceu dans la suite que ces révolutions sont sujettes à quelque peu de variation, & que le mouvement de certaines taches qui ont paru proche de l'équinoxial de Jupiter, a esté un peu plus viste que celuy des autres taches qui en estoient plus éloignées. Ces taches tantost augmentent & tantost diminuënt jusqu'à devenir imperceptibles; & la plus grande & la plus évidente de toutes, aprés avoir paru durant un ou deux ans, disparoist durant deux ou trois autres; aprés quoy elle paroist de nouveau au mesme endroit où elle avoit disparu.

Les taches que l'on a observées sur le disque de la planette de de Mars ſont beaucoup plus grandes que celles de Jupiter, mais elles ne paroiſſent pas ſi bien terminées ; ce qui empeſche que l'on ne puiſſe déterminer leurs periodes avec autant de préciſion que celles des taches de Jupiter. On a neantmoins obſervé que les révolutions de ces taches de Mars s'achevent en 24 heures 40 minutes.

On a auſſi apperçû, mais fort rarement, ſur la planette de Venus quelques taches aſſez bien terminées, dont les periodes eſtoient de 23 heures. Il y a paru ſouvent d'autres taches; mais ſi mal terminées, que l'on n'a pû en obſerver diſtinctement les periodes.

Il s'eſt trouvé que ce que Galilée croyoit eſtre deux corps détachez aux deux coſtez de Saturne, n'eſt qu'un anneau plat entierement détaché de cette planette, qui y eſt enfermé comme un globe artificiel dans ſon horiſon. Cet anneau paroiſt ordinairement de figure ovalle, parce qu'il ſe preſente obliquement à nos yeux, mais il s'élargit & s'étrécit à meſure qu'il eſt plus ou moins incliné à noſtre rayon viſuel dans la révolution qu'il fait autour du ſoleil en 30 ans ; & demeurant toûjours dans le meſme paralleliſme, il diſparoiſt entierement deux fois en chaque révolution, parce qu'alors il préſente ſon tranchant à noſtre vûë.

Outre les ſept planettes principales qui ont eſté connuës aux anciens, les grandes lunettes ont donné le moyen d'en découvrir en ce ſiecle neuf autres dont les obſervations ſont d'un tres-grand uſage. Car quoy que ces nouvelles planettes paroiſſent incomparablement plus petites que les autres, neantmoins la viteſſe de leur mouvement, & leurs frequentes éclipſes donnent de grands avantages pour verifier quantité de choſes qu'il ſeroit impoſſible de connoître par l'obſervation des anciennes planettes, c'eſt pourquoi l'academie a eu une application particuliere a obſerver ces nouveaux Aſtres, & principalement les ſatellites de Jupiter. On avoit déja donné au public des tables de leur mouvement, mais les erreurs imperceptibles que l'on n'avoit pû y éviter s'étoient tellement accumulées dans la ſuite du tems, que ces tables étoient devenuës inutiles, l'Academie a premierement obſervé tres-regulierement toutes les eclipſes de ces ſatellites autant que le tems l'a permis, & particulierement celles qui ſe font dans l'ombre, dont l'immerſion & l'émerſion ſont plus préciſement determinées que celles des conjonctions. En faiſant ces obſervations on découvrit une nouvelle eſpece d'éclipſes, qui n'eſt pas moins admirable que celles dont on avoit déja connoiſſance, c'eſt les éclipſes que ces petites planettes font ſur Jupiter en paſſant entre ſon diſque & celui du Soleil : on voit alors leurs petites ombres parcourir le diſque de Jupiter d'orient en occident, & l'on peut determiner la minute qu'elles parviennent au milieu de ce diſque. On s'eſt ſervy de ces deux ſortes d'éclipſes dans la correction des Tables.

Pour établir la theorie de ces ſatellites, la principale difficulté conſiſtoit a trouver les inclinaiſons des lignes de leur mouvement a l'orbite de Jupiter, & les lieux de leurs interſections, d'où depend le temps, la durée, & la grandeur des éclipſes. On les determina d'abord par la comparaiſon des premieres obſervations qui furent faites par Galilée avec celles qui ſont plus recentes, mais l'experience ayant enfin fait connoître que les premieres obſervations n'eſtoient pas aſſez exactes, on fut obligé de s'attacher ſeulement aux dernieres. Enfin aprés avoir fait des tables qui ſuffiſoient pour ſe preparer a obſerver les éclipſes de ces ſatellites en divers lieux de la terre, on concerta avec pluſieurs Aſtronomes qui habitent en differens endroits de l'Europe, les moyens de ſe ſervir de ces éclipſes pour trouver les longitudes, & ce travail a reüſſi avec tant de ſuccez, qu'on peut aſſurer que ces éclipſes ſont le moyen le plus prompt & le plus certain que l'on ait preſentement pour determiner les longitudes.

Les obſervations que l'Academie a faites des ſatellites de Jupiter ont donné occaſion d'examiner un des plus beaux problémes de la Phiſique, qui eſt de ſçavoir ſi le mouvement de la lumiere eſt ſucceſſif, ou s'il ſe fait en un inſtant. On a comparé le temps de deux émerſions prochaines du premier des ſatellites dans une des quadratures de Jupiter avec le temps de deux immerſions prochaines du même ſatellite dans la quadrature oppoſée de cette planette ; & bien que la lumiere d'un ſatellite à la fin de ſa revolution dans la premiere quadrature faſſe moins de chemin pour venir à la terre d'où Jupiter s'aproche, qu'à la fin de ſa revolution dans la ſeconde quadrature quand Jupiter s'éloigne de la terre ; & que cette difference monte tout au moins à plus de soixante mille lieuës de chemin dans un tems plus que dans l'autre ; neanmoins on n'a point trouvé de difference sensible entre ces deux espaces de temps ; ce qui a donné lieu de croire que les observations que l'on peut faire sur la surface de la terre, ou même dans tout l'espace compris jusqu'à la lune, ne suffisent pas pour rien determiner de certain sur ce probléme, & que par consequent les methodes que Galilée a proposées pour cet effet dans ses méchaniques sont inutiles. Ce n'est pas que l'Academie ne se soit aperceuë dans la suite de ces observations que le temps d'un nombre considerable d'immersions d'un même satellite est sensiblement plus court que celui d'un nombre pareil d'émersions, ce qui se peut expliquer par l'hypothese du mouvement successif de la lumiere : mais cela ne lui a pas paru suffisant pour convaincre que le mouvement de la lumiere est en effet successif, parceque l'on n'est pas certain que cette inegalité de tems ne soit pas produite ou par l'excentricité du satellite, ou par l'irregularité de son mouvement, ou par quelqu'autre cause jusques ici inconnuë, dont on pourra s'éclaircir avec le tems.

Parmi les methodes que l'Academie a troüvées pour la facilité des calculs astronomiques, elle a pratiqué la maniere de déterminer les phases particulieres des éclipses du soleil par la projection de la surface de la terre faite par les rayons du soleil qui passent par la surface de l'orbe de la lune, & par celle de l'atmosphere qui les détourne par la refraction, où l'on projecte aussi le soleil de la maniere qu'il est vû des lieux particuliers de la terre qui en peuvent voir l'eclipse dans le passage de la lune par cette projection. Elle a aussi inventé diverses machines dont les unes par leur mouvement montrent en quelque temps que se soit la situation & les differens aspects de toutes les planettes entr'elles & à l'égard de la terre, les autres marquent les eclipses du soleil & de la lune & les autres lunaisons.

La fin principale que l'Academie s'est proposée en s'appliquant aux observations astronomiques à toûjours esté de les rapporter à l'avancement de la Geographie & de la Navigation ; & dans ce dessein rien n'estoit plus utile que de déterminer quelle partie de la circonference de la terre répond précisement a un degré du ciel. Pour le faire avec toute la precision possible, on prit pour base une espace de terre d'environ 34000. pieds en ligne droite, & on le mesura actuellement par deux fois avec tant d'exactitude qu'il ne se trouva pas plus de deux pieds de difference entre les deux mesures. Sur cette base on fit entre Paris & Amiens plusieurs grands triangles, dont on prit les angles avec des instrumens garnis de lunettes : & ayant mesuré par ces triangles un espace de 68430 toises sur une ligne droite tirée du septentrion au midy, on observa aux deux extrémitez de cette ligne les hauteurs meridiennes des étoiles fixes. Par toutes ces mesures & ces observations, l'académie a trouvé que la longueur d'un degré d'un grand cercle est de 57060 toises, à la mesure du Châtelet de Paris.

Quoique l'instrument dont on s'est servi pour prendre ces hauteurs meridiennes eut dix pieds de rayon ; neanmoins il faut demeurer d'accord qu'il est difficile de répondre de l'erreur de cinq ou six secondes avec un instrument de cette grandeur, & comme six secondes répondent à 95 toises, on ne pouvoit pas estre asseuré d'avoir la mesure d'un degré à cent toises prés. C'est pourquoi l'Academie a continué de prolonger cette ligne meridienne de costé & d'autre jusques aux deux extremitez de la France, c'est à dire jusqu'à la longueur de huit degrez, dans laquelle l'erreur ne sera pas plus grande que dans la mesure d'un seul degré, & par consequent ne sera pas considerable. On a déja fait environ la moitie de cette longueur en formant de costé & d'autre de grands triangles comme l'on avoit commencé, & l'on travaille à achever le reste.

Aprés avoir determiné la grandeur d'un degré de la circonference de la terre, on entreprit plusieurs voyages pour établir les longitudes, en comparant les observations que l'on feroit en des lieux fort éloignez avec celles que l'on devoit faire en même-temps à l'Observatoire. On commença par le voyage d'Uranibourg en Dannemarck, où Tycho-Brahé avoit fait au siecle dernier quantité d'observations Astronomiques, que l'on ne pouvoit comparer avec celles de Paris sans connoître la difference des meridiens entre Paris & Uranibourg, touchant laquelle les Astronomes modernes ne s'accors'accordoient pas à deux degrez prés. Par les obſervations de pluſieurs éclipſes des ſatellites de Jupiter on trouva que la difference de ces deux meridiens eſt plus petite d'un degré & deux tiers que Longomontanus n'a pretendu ; & que la hauteur du pole d'Uranibourg eſt d'un tiers de minute plus grande qu'elle n'a eſté déterminée par Ticho. La ſituation de la ligne meridienne d'Uranibourg fut trouvée differente d'environ 20 minutes du Nort à l'Oüeſt de celle qui reſulte des poſitions de Ticho. Mais on jugea que cette difference ſe devoit plutôt attribuer a quelque erreur arrivée dans les obſervations de Ticho, qu'à un veritable changement de la ligne meridienne.

Preſqu'au même temps on envoya un autre des Academiciens à l'Iſle de Cayenne ſituée environ à cinq degrez de l'équateur, pour verifier par les obſervations que l'on feroit en ce climat, où ſuivant la table de Ticho, il ne doit point y avoir de refractions dans les hauteurs meridiennes du ſoleil, ſi la parallaxe du ſoleil & l'obliquité de l'ecliptique déterminée par l'Academie s'accordoit avec le ciel.

Les obſervations que l'on fit en cette Iſle pendant plus d'une année confirmérent ce que l'Academie avoit eſtabli touchant les refractions , & elles donnerent une connoiſſance preciſe de l'obliquité de l'ecliptique. Comme l'on avoit choiſi une année que Mars étoit beaucoup plus proche de la terre que le ſoleil , on tacha de determiner la parallaxe de cette planette , & même celle du ſoleil en comparant les hauteurs meridiennes priſes à la Cayenne avec celles que l'on auroit trouvées les mêmes jours à Paris. On determina auſſi par les obſervations des eclipſes du ſoleil, de la lune, & des ſatellites de Jupiter la difference de longitude entre Paris & la Cayenne ; on y obſerva les étoiles fixes qui ſont ſi proches du pole auſtral qu'on ne peut les voir dans nos climats , & on fit pluſieurs remarques curieuſes ſur la variation & la declinaiſon de l'éguille aimantée , ſur les marées , ſur les courans , ſur la peſanteur de l'air & ſur la longueur du pendule à ſecondes , qui fut trouvée ſenſiblement plus petite proche de l'équinoxial que dans nos climats. Ce qui eſt tres-important pour prendre les précautions neceſſaires dans l'uſage que l'on peut faire de la pendule pour la connoiſſance des longitudes.

L

Le Roy ayant esté informé de l'utilité qu'on avoit tirée de l'observation des eclipses des satellites de Jupiter pour establir les longitudes, ordonna que l'on fit par cette methode de nouvelles cartes de la France. Aussi-tôt l'Academie envoya faire quantité d'observations de ces éclipses sur toutes les costes du Royaume, & par la comparaison de ces observations avec celles qui furent faites en même temps à Paris elle trouva que les Geographes modernes, qui avoient voulu corriger Ptolomée, avoient trop avancé vers l'oüest les costes occidentales du Royaume entre Bayonne & la Garonne, & que ces costes sont dressées a peu prés sur la ligne meridienne, comme les Cartes anciennes recuillies par Ortelius les representent; d'où il s'ensuit que la situation de la meridienne est en ce lieu la même qu'au temps de Ptolomée. Sa Majesté voulut aussi que l'Academie envoyast des observateurs dans les lieux de sa domination les plus esloignez. On envoya donc en plusieurs endroits de l'Afrique, & de l'Amerique & entr'autres à la petite Isle de Gorée proche le Cap Verd. L'Academie jugea qu'il estoit necessaire de connoître precisement la situation de ce Cap, parce que c'est la partie de nostre continent la plus avancée dans l'ocean occidental, & que quelques Geographes y ont estabil le premier meridien. Des observations que l'on a faites dans ce voyages il resulte que les differences veritables des longitudes, qui ont esté observées jusqu'à present, sont plus petites que les Geographes n'ont supposé, que l'Europe l'Asie & l'Afrique occupent moins de place sur la surface de la terre, que l'Amerique est plus proche de nostre continent, & que par consequent la mer pacifique & le continent qui est entre la Tartarie, & l'Amerique septentrionale ont plus d'étendue qu'on ne leur en donne dans les cartes les plus exactes. Sur ces lumieres on a dressé une Carte de toute la Terre connue sur le plancher d'une Tour de l'Observatoire, dans laquelle on s'est éloigné de quelques Cartes plus modernes jusqu'à 20 degrez dans les longitudes des Terres orientales & les observations des éclipses qui ont esté faites aux Indes Orientales & à Paris, ont confirmé cette difference, dont il auroit esté difficile de s'asseurer sans le secours des observations celestes

A ce que nous avons dit de l'utilité de l'Astronomie, on

peut ajouter les avantages que l'on en a tirez & que l'on en tire tous les jours pour la propagation de la foy ; car c'est sous l'aveu & sous la protection de cette science, que ceux qui se sont devoüez pour aller annoncer l'Evangile aux infidelles penetrent dans les pays les plus éloignez, qu'ils y vivent non seulement en seureté, mais mesme dans une liberté entiere de prêcher les veritez de la Foy, qu'ils attirent l'admiration des peuples, qu'ils s'insinuent dans la familiarité des grands & qu'ils gagnent même la faveur des Souverains. Ainsi cette science a ouvert aux Missionnaires le vaste Empire de la Chine, dont l'entrée étoit fermée par les loix du pays & par des raisons d'estat à tous les Etrangers, & elle a servi à obtenir la permission d'y bastir des Eglises & d'y faire l'exercice public de la veritable Religion. C'est pourquoi le Roy a voulu que les Missionnaires qui sont partis pour aller prêcher l'Evangile à la Chine, au Royaume de Siam, & aux autres estats des Indes Orientales fussent instruits des manieres dont l'Academie fait les observations Astronomiques, & qu'ils prissent d'Elle des memoires tres-amples de ce qu'ils avoient à faire, & à remarquer dans leur voyage.

Les observations que ces Missionnaires ont déja faites de concert avec l'Academie & qu'ils luy ont envoyées estant comparées avec celles qui ont esté faites en mesme temps à l'Observatoire ont déja donné des grandes lumieres ; & on ne peut pas douter que celles que l'on continuëra de faire dans ces pays éloignez ne contribuent beaucoup au progrés de l'Astronomie ; & si les personnes qui s'appliquent à cette science dans les pays étrangers entretiennent correspondance avec l'Academie & lui communiquent leurs observations, comme elle offre de leur faire part des siennes ; il y a lieu d'esperer que l'on portera en peu de tems non seulement l'Astronomie, mais encore la Geographie & l'art de Naviger à leur plus haute perfection.

VOYAGE

www.ingramcontent.com/pod-product-compliance
Ingram Content Group UK Ltd.
Pitfield, Milton Keynes, MK11 3LW, UK
UKHW020450180726
13839UKWH00004B/1741